U0958685

销售员情商实战训练

刘军◎编著

中国纺织出版社有限公司 | 国家一级出版社
全国百佳图书出版单位

内 容 提 要

成功的销售需要高智商，更需要高情商。一个销售员的销售业绩，往往与他的情商成正比。本书从十个方面详细讲述了有效运用情商，提高销售业绩的方法和技巧。通过实际销售案例和销售心理学理论指导，以及实战点拨和情商拓展训练，帮助读者全方位、快速提高情商。故事性、多版块、碎片化的内容设置，有效降低读者阅读疲劳，提高阅读兴趣，不论是奔波在路上的销售小白，还是带领团队奋勇向前的销售经理，都能从中找到适合自己的销售软技巧。

图书在版编目（CIP）数据

销售员情商实战训练 / 刘军编著. -- 北京：中国纺织出版社有限公司，2021. 1

ISBN 978-7-5180-7853-0

Ⅰ. ①销… Ⅱ. ①刘… Ⅲ. ①销售－商业心理学 Ⅳ. ①F713.55

中国版本图书馆CIP数据核字（2020）第170670号

策划编辑：于磊岚　　特约编辑：周馨蕾

责任校对：高　涵　　责任印制：储志伟

中国纺织出版社有限公司出版发行

地址：北京市朝阳区百子湾东里A407号楼　邮政编码：100124

销售电话：010—67004422　传真：010—87155801

http://www.c-textilep.com

中国纺织出版社天猫旗舰店

官方微博 http://weibo.com/2119887771

三河市宏盛印务有限公司印刷　各地新华书店经销

2021年1月第1版第1次印刷

开本：710×1000　1/16　印张：13

字数：194千字　定价：48.00元

前 言

情商 (Emotional Quotient) 通常是指情绪商数，简称 EQ，主要是指人在情绪、情感、意志和耐受挫折等方面的品质。情商所包含的素养，正是一个优秀销售人员必须具备和不断优化提高的素养。有关数据显示，情商对工作成就的影响是智商的两倍，而且职位越高，情商对工作表现的影响就越大。所以，优秀的销售人员，情商比智商显得更重要。

随着新消费时代的来临，情商越发显得比能力更重要，情商将决定你的销售智商与成败。从销售准备、客户拜访、销售展示、价格谈判、危机关系到签约成单后的客户维护，每一步都需要运用情商的智慧。高超的销售技巧和优质的服务可能只会帮你将销售机会转变为客户购买，但无法帮你培养忠诚的客户关系，只有高情商和感染力才能让你立于不败之地，成为卓越的销售人员！

本书通过对与情商销售有关的案例分析，帮助销售人员体会情商在销售实践中的作用；实战点拨可以为销售人员提供一些切实可行的销售方法；情商拓展训练可以帮助销售人员轻松提高情商和销售的实战能力。本书具有故事性、多版块、碎片化的内容设置，在轻松愉悦的情境下，让销售变得简单、有趣、高效。

编著者

2020 年 9 月

目 录

第三章
学会坚持：坚持迎来更多的订单

第四章
真心待客：用心服务赢得顾客的信任

第五章
认真负责：用态度赢得客户满意度

第六章

幽默开朗：在说笑中拉近与客户的距离

第七章

真诚赞美：适度赞美让销售氛围更融洽

第八章
熟知人性：服务客户遵循心理学规律

第九章
说话有方：好口才成就好业绩

第十章
冷静理性：稳中求胜的技巧

第一章 注意风度：良好的形象就是销售力

一个人的内在价值、个性行为固然重要，但是要经过长时间的交往才能得到评断，最直接、最迅速形成印象的，则是一个人的外表形象。良好的形象能够拉近与顾客的距离，减少顾客的疑虑，提高亲和力，进而促使顾客产生购买行为，达成交易。因此，情商高的销售人员往往会保持整洁的仪容、仪表，从而使销售工作事半功倍。

穿出风采，销售工作会更出彩

一个人的穿着打扮是决定他外表形象的主要因素。服装不能造就出完美的人，但是第一印象的80%来自着装。对于随时需要同陌生人打交道的销售员来说，要想赢得顾客的信赖，并将产品销售出去，掌握一定的着装技巧是非常必要的。有经验的销售高手都是从穿着打扮和打理外表着手，他们十分注重仪表，以此去赢得客户的好印象。美国最优秀的销售大师法兰克·贝格曾深有体会地说：外表的魅力可以让你处处受欢迎，不修边幅的销售员在第一印象上就失去了销售主动权。

【实战案例】

一位年轻的钢材销售员走进了一家制造公司的总经理办公室。这个销售员穿着一件脏了的衬衫和一条皱巴巴的裤子。他嘴角叼着雪茄，含糊不清地说："早上好，先生。我是阿尔巴尼钢铁公司的销售员。"

"你是一名销售员吗？"这位准客户上下打量着他问。

"有什么问题吗？"这位销售员反问道。

"阿尔巴尼公司可是一家很大的钢材销售公司，我不仅认识这家公司的销售员，就是阿尔巴尼公司的几个头儿，我也不陌生。你不像他们家的销售员。"

"为什么这样说？您瞧，这是我的证件。只不过我刚做这个行业不久。"说着话，销售员向总经理出示了工作证件。

总经理看了证件一眼说："从证件看，你确实是阿尔巴尼公司的销售，可是你知道吗？我的同事们不能通过证件看到我正和一个大公司的销售员在进行业务上的交流，他们会通过你的外表推测，我是不是惹了什么麻烦，被人找上门来了——恕我不能和你长久交谈了。听着，年轻人，你的衣着错误地代表了阿尔巴尼公司的销售。”

……

几天之后，这位销售员又来到该制造公司，不同的是，这次他从头到脚进行了一番装扮：不仅把胡子剃得干干净净，还理了一个漂亮的发型，一身笔挺的高档正装配上漂亮的领带，脚上穿着一双锃亮的皮鞋。

他走进总经理的办公室，对这位先前对他下逐客令的总经理自我介绍道：“先生您好，我是阿尔巴尼钢铁公司的销售员。”

“你好小伙子，我们正想和阿尔巴尼钢铁公司建立业务上的联系，你来得正是时候！告诉你，前几天来了一个声称是贵公司的销售员，不过，我从他的衣着上一眼就看出他是个冒牌货。”

很明显，同样是一个人，穿着打扮不同，受到客户的待遇会完全不同，对销售结果也会产生不同的影响。有人说着装打扮不是万能的，但打扮不好是万万不能的。这话确实很有道理。如果你的穿着得体，销售力自然会大增。

【实战点拨】

衣着是销售员自我形象的延伸扩展。作为一名销售员，不仅在拜访客户的时候要注意衣着，而且处处都要注意和职业相称的着装。那么，作为一个高情商的销售员，在衣着上会有哪些特殊的体现呢？

1. 地域风俗不同，销售员的着装要求不同

比如美国，在很多企业做销售员就不要求员工穿西服革履，只需要穿得很休闲就可以了，给人一种很放松、很舒适的感觉，到客户那边也很自然。他们就不主张销售员穿着太正式，觉得这会使你和你的客户产生一定的距离感。

2. 不同的企业文化，在着装的体现上有所不同

如果是公司专业的销售员，走出去之后代表公司的形象，要让客户感觉到销售员和企业是很正规的，很专业化的。此时服装是很重要的一个方面，所以说应该穿统一的服装，并应该佩戴企业的标识，如果你的着装能体现出企业自身的文化氛围，应该说是最为合适的。

3. 工作场合不同，着装也应有所不同

在销售工作中，一个人的形象不但可以体现他的文化修养，也可以反映他的审美趣味。销售员的服饰应随场合变化而变化。一般来说，销售员在公务场合要求穿着正规、端庄、规范，着装以制服、西装、套裙或者长袖衬衫配以长裤、长裙，而各式各样的时装、便装，尤其是标新立异的前卫服装则一律不适宜。而在社交场合，即聚会、宴会、舞会或者音乐会等场合，销售员穿着要求时尚、典雅、个性，以时装、礼服、民族服装以及个人定制的服装为主要选择。需要穿着礼服的场合则要穿着礼服，需要穿着职业装的场合则不宜穿着过于随意的便装。在休闲场合，如健身、旅游等场合，穿着要求舒适、自然、方便，以家居装、运动装、牛仔裤为宜，尽量不要选择制服、套裙、礼服等适用于正式场合的服装，否则就会显得与休闲场合不协调。

高情商的销售员应该懂得如何使自己的服装引起顾客的注目。服饰常因个人的性格、爱好、身份、年龄、性别、环境、风俗习惯不同而不同。虽然没有统一要求的职业服饰，但不管着什么服饰，都应以稳重大方、整齐清爽、干净利落为基本原则。同时，有一点必须要特别注意，着装打扮不要过了头，炫耀摆阔气势必会引起人们的反感，使人心生排斥。因此，每一个销售人员都应根据自身的特点来选择自己的着装。

礼仪规范，营造融洽的销售关系

情商高的销售员在与客户交往的过程中会非常注重礼仪规范。因为他们懂得，礼仪是销售的一个重要环节，是和客户近距离接触，赢得客户理解、好感和信任的一个重要环节，销售员在和客户交往中，恰当的交际礼仪是从业的必备品质之一。

【实战案例】

“小天鹅洗衣机”在国内最早推出了“一、二、三、四、五”的服务承诺，要求每个售后服务人员为客户上门服务时必须做到。

“一”是指一双鞋，规定每一个上门服务的人员都必须要自备一双专用的鞋以免弄脏客户家的地板，同时留给客户一个专业的形象。

“二”是两句话，上门服务前要介绍清楚“我是小天鹅服务员小张”等，服务完成离开时，必须留下一句话“很高兴为您服务，如今后有什么问题我们随时听候您的召唤”。

“三”是指三块布，一块垫机布、一块擦机布，最后一块是擦手用的布。垫机布是垫在洗衣机下面的，以免弄脏地板。擦机布是维修任务完成后，用以擦去洗衣机的污垢。自带擦手布是考虑到有的客户会有洁癖，可能不愿意让外人使用自己的洗漱用品。

“四”是四不准，不准和用户大吃大喝、不准侮辱和顶撞用户、不准拿用户给的东西、不准乱收费用。这是作为一个服务人员最起码的职业操守。

“五”是五年保修，如果在使用小天鹅洗衣机五年内出现问题，厂家将免费保修。

以上所提到的这五个承诺，体现了服务人员服务的具体过程和标准，从而使得无形的服务规范化、有序化、具体化。小天鹅公司这样的做法是对客户的尊重，更是对员工的情商提升，他们所倡导的是每个服务人员在进行服务时，通过言谈举止让客户觉得自己得到了尊重，从而给客户留下美好的购物体验，以此与客户建立起良好的关系。

【实战点拨】

作为销售员，要想与客户交谈时塑造良好的交际形象，体现出高情商，就必须注意你的言谈举止。因为从一个人平时的言谈举止就大概可以看出这个人的修养。所以在与人交谈时，应该尽量避免各种不礼貌或者是不文明的习惯，具体的做法是：

1. 站姿禁忌

不良站姿不但姿态不雅，而且缺乏敬人之意，往往会无意中使本人形象受损。销售人员在站立时应避免出现以下几种情况：

身躯歪斜：如偏头、斜肩、歪身、屈腿，或膝部不直，都会让人觉得该销售人员颓废消沉、萎靡不振、自由放纵。

弯腰驼背：如腰部弯曲、背部弓起、胸部凹陷、腹部挺出、臀部撅起等，都会使人显得缺乏锻炼，健康不佳，无精打采。

趴伏倚靠：如趴伏在某处左顾右盼，倚着墙壁、货架而立，靠在桌柜边上，或前趴后靠等，都是被服务礼仪所严格禁止的。

浑身乱动：站立是一种相对静止的体态，因此不宜在站立时频繁地变动体位，甚至浑身上下乱动不止。手臂挥来挥去，身躯扭来扭去，腿脚抖来抖去，都会使一个人的站姿变得十分难看。

2. 行走禁忌

销售人员在行走时，一定要注意其行进的方向、步幅、速度、重心、造型和协调性，同时，应避免以下几种不良走姿：

横冲直撞：销售人员切记，行进时一定要做到目中有人，尽量减少在人群中穿行。

悍然抢行：销售人员要养成礼让三分、让道于人的良好习惯，避免在行进时争先恐后、公然抢道的不良习惯。

奔来跑去：销售人员需牢记，不到万不得已，尽可能不在客户面前奔来跑去，以免让人不明真相地猜测和怀疑，引起混乱。

阻挡道路：销售人员在行进时，要选择适当的路线，保持一定的行进速度，并与同行者保持一定距离；发现阻挡他人时，务必闪身让开，请对方先行。

步态不雅：销售人员在行进过程中，要有意识地避免不雅的步态，如“八字步”“鸭子步”等。

3. 坐姿禁忌

和站姿、走姿一样，销售人员在就座时也应有所禁忌，否则不良的坐姿可能给人留下漫不经心、狂妄自大、缺乏涵养、耐心不够、心理素质差等种种不良印象。这些不良坐姿包括：

蜷缩一团：即坐下之后，弯腰曲背，伛偻成团，这种姿势会影响销售人员在他人心中的形象。

半坐半躺：即坐在较靠前缘的位置，背再向后靠在靠背上，形成半坐半躺的姿势。这种坐姿也是容易引起腰痛的不良姿势。

“二郎腿”：这种架起“二郎腿”的姿势，是最容易给人狂妄自大、目中无人、自由放任感觉的坐姿，因此销售人员在与客户交谈时，一定要避免。

单腿踩凳：即就座后缩起一条腿，踩在椅子上，或坐得歪歪扭扭的，这种坐姿是非常不礼貌的。

4. 站位距离

销售员在与客户初次见面时，保持一定的距离是非常重要的。标准的距离是销售员与客户之间保持在 1.5 米至 2 米远，只有这样双方才不会感到压抑或者紧张，才会有一个良好愉快的沟通氛围。这样不仅可以促进双方的交流，而且可以使得双方舒服自在，从而增加彼此的信任。

体态优美，此时无声胜有声

美国著名的人类学家霍尔说过：“一个成功的交际者，不但需要理解他人的有声语言，更重要的是能够观察他人的无声信号，并且能在不同场合正确使用这种信号。”在销售活动中，情商高的销售员在与客户交流时所展示的手势、表情、体姿甚至是所处的位置和距离都会传达出特定的含义，他们会将文明敬语与优美的体态语成功地结合在一起，创造一种对客户最佳的表达效果。

【实战案例】

某著名体育用品专卖店，对销售人员的培训非常严格，因为这种面对面接触对顾客销售体验的影响往往是最大的。这时候，销售人员的一言一行都在顾客的注视下，举止稍有不当，就有可能给顾客带来不愉快的体验，影响店面的销售额。

没有客户的时候，公司要求吧台销售接待员以标准姿态站立。要求全体销售员坐立姿势规范得体。在和顾客交谈时，要求保持微笑，要展现出优美得体的体态，并配上合理的手势。

当顾客进门时，销售人员跟顾客打招呼时，不仅语气要轻松响亮，而且要有“请进”的手势。顾客进店之后，不断地用“请”的手势引导顾客参观挑选商品。拿商品给顾客看的时候，应该双手递上，表示诚恳。

这家公司的销售员不仅在语言上给予客户美好的购物体验，就是一举一动也能让进入店内的顾客感受到亲切和温馨。很多顾客对店内销售员的印象特别好，因此，专卖店的回头客也特别多，销售业绩很好。

人与人交往中的效果，20% 取决于有声的语言，80% 取决于无声的神态和动作。很显然，神态和动作是一种无声的语言。高情商的销售员，在平时的工作和生活中，会时刻注意训练自己的身体语言。比如走路的时候，是否总是昂首挺胸；手臂摆动是不是很自然，是否矫揉造作；面部肌肉是否能在任何情况下都很放松并且在情绪不好时能够得到很好的控制；若是太累了，移动身体是不是感觉到腰很别扭，或者是让人看到没精打采等。可以说，销售员情商的修炼是内在的，但是表现形式却是外在的。

【实战点拨】

在和客户进行面对面交流的过程中，形体语言是非常重要的，因为它直接影响了客户的体验感觉。态度决定一切，恶劣的态度会让顾客对销售员产生不好的印象，甚至会失去这个顾客乃至更多的潜在顾客。所以，情商高的销售员在和客户进行接触的时候，总是会随时随地保持举止得体以及饱满的精神，给客户留下美好的第一印象。那么在与顾客交往时要注意哪些形体语言，才是高情商的表现呢?

（1）手势语言是运用手的动作变化表达的一种无声的语言。如果说眼睛是人心灵的窗户，手就是人心灵的触角，也可以说手是人的第二双眼睛。在客户服务工作中恰当运用手势，可以体现销售员对客户的热情。如伸出右臂，掌心向上前倾 45 度欢迎客户。另外，鼓掌表示赞扬或欢迎，以烘托热情的氛围。

（2）优美的肢体语言是通过身体姿态表达情意的，是对有声语言的强化和补充，直接反映内心情感的变化。销售员站姿要庄重平稳，坐姿要端庄平直，步姿要轻盈适速，点头要自然适度，起立要快慢适宜，欠身要尊敬得体，从各方面给客户留下举止文明、高雅的美好印象。

（3）销售员在工作中要举止稳重、端庄，落落大方，姿态优雅。交谈中用手势有助于表达，但要适度，避免指指点点；递接物品用双手；修饰应避人。语言、语气、神态、举止应和谐一致，如果言不由衷、表里不一，怎么能让客户满意呢？

（4）在与顾客交流时，有些动作或者行为是一定要避免的，不然会给客户留下非常不好的印象，例如：

双手抱在胸前：进行客户服务的时候，这是很多人喜欢做的动作，也许是无意的，但在进行服务时，这是对客户表示不尊重、不耐烦、封闭的、怀疑的行为，一定要避免。

说话时手指放在嘴上：说话时手放在嘴边，或者有一些托腮的举动，这表示销售员缺乏解决问题的信心。

背靠或斜靠在物体上：背靠或斜靠在物体上，如背靠墙或背靠门，就表示销售员对工作或对客户的说话内容不感兴趣。

避开对方眼神的接触：避开对方的眼神，是指对方眼睛看着你，而你有意识地回避对方的目光，这表示你否定对方，或者表示你没有在听对方讲话，或者表示你不希望和对方进行交流。

（5）在与客户交流的过程中，有些恰当的身体语言可以帮助你达到理想的效果。如：

点头：当一位客户正向你喋喋不休地讲解某件事的一些细节，你不插话，但又希望让他知道你正在听他讲话，这个时候点头特别有效。但是不要过度点头，以免对方怀疑你不耐烦。

向前倾身：在客户谈话的过程中，如果你不想结束谈话，那么就要轻轻向前倾身，从而让客户了解你对他所说的话很感兴趣。当客户正在表达强烈的感情时，你一定要向前倾身，对他说：“我对你非常理解。”

直视对方眼睛：与客户交谈时保持目光的交流，这表明客户很重要，你很尊重、重视他的观点，对他很感兴趣。

在销售工作中，高情商的销售员会洞悉并满足客户的需求，带给客户的是满意和惊喜。而情商不高的销售，往往会因一个“不经意”的服务不周，给自己带来销售失败的遗憾。

表情自然，端庄的人更能赢得顾客信赖

销售员通过眉毛、眼神、嘴唇、脸色变化构成丰富的面部表情语言。俗语道“喜上眉梢”。情商高的销售员会通过喜眉、扬眉、展眉给客户以欢快和欣慰的感觉；通过明澈、坦荡的眼神给客户以正直、热情的感觉；通过嘴唇的细腻变化给客户以灵敏、轻松的感觉；通过笑容满面的面部表情给客户以舒服、安定的感觉……

【实战案例】

“欢迎致电中国移动客户服务热线……”当你拨打任何一个地方的移动服务热线10086时，首先就能听到这句亲切、平实的话语，带给客户热情洋溢的第一感觉。

每天上班前，移动客户服务的话务员们都要通过仪容镜整理仪容，尽管客户是“只闻其声、不见其人”，但每个话务员力求让自己精神饱满，以良好的工作状态投入到工作中。为了传达给客户直观、热情的印象，在每位话务员的台席前，都挂着一面画着笑脸的镜子，这面小小的镜子让话务员时刻都能看到自己的表情。

而进入移动客户服务大厅，映入眼帘最醒目的便是“让客户聆听我们的微笑”这十个大字。在移动的服务理念中，“微笑”是这样被诠释的：让客户聆听到、感受到的微笑，是一种把客户服务内化到声音中的微笑。

“您好，请慢走……”隔着一道玻璃窗，当柜台里面的工作人员站立起身，对办理完业务的客户热情送别时，那一张张笑脸总会令客户心情愉悦。

世界上最伟大的销售员乔·吉拉德也说有人拿着100美金的东西，却连

10 美金都卖不掉，为什么？你看看他的表情。要销售出去，自己面部表情很重要：它可以拒人千里，也可以使陌生人立即成为朋友。所以说，面部表情是一个销售员的情商检查表。

【实战点拨】

与客户面地面交流的过程中，你的面部表情就像一块告示牌，它能让你周围的人知道你是否高兴、难过、激动等。作为销售员，小心不要让一天的压力都聚在眉宇之间。客户不关心你这一天是否过得非常糟糕，他们只想从你这里得到更好的服务和满意的产品。所以在开始说话之前，你的面部表情要表现出一种积极的精神状态；然而，当客户出现担心或烦恼的情绪时，你需要调整自己的面部表情来配合他们的心理状态。

面部表情是仅次于语言的一种交际手段，因此在交际活动中备受营销人员的注意。千变万化的表情中，眼睛和微笑最有礼仪功能和表现力。营销人员在与公众打交道时，面部表情的基本要求就是热情、友好、诚实、稳重、和蔼。

1. 眼睛

面部表情中起主导作用的是眼睛，眼睛对内心情感的传递主要是靠眼神。面部表情中最突出的是“眉目传情”，所以眼睛被称为“心灵之窗”。在人际交往中，目光交流不仅可以表示对他人正在述说的事情的重视，也可以表达对他人的兴趣和喜爱。为此，营销人员要学会正确地运用眼神。在谈话时，目光要注视讲话的人。如果眼睛东张西望，表现出一副心不在焉的样子，则会被人认为是不礼貌的。

2. 目光

在销售服务工作中，目光接触是非常有效力的身体语言技巧之一，因为它可以让客户了解你正在饶有兴趣地、聚精会神地听他说话，也愿意接受他的看法。目光接触使销售员不仅听到客户所说的话，也可以了解客户的感受。

和客户交谈时，销售员把目光的焦点柔和地放在客户脸上，就能做到有效的目光接触。如：客户一走近你，不管你在做什么，要立即热情地看着他的脸，同他进行目光接触；当谈话继续时，销售员应该不时地调整目光，避免给人一种不好的印象，认为你正盯着他。

3. 微笑

一个称职的销售员，最不能缺少的面部表情就是笑容，笑容是一种令人感觉愉快的面部表情，它可以缩短人与人之间的心理距离，为深入沟通交往创造温馨和谐的氛围。微笑对待客户，不仅能体现出销售员的个人修养，也最能直接反映出这家公司的服务品质。

在某种情况下，销售员的微笑实际上是一种信号，等于告诉客户你愿意为他服务或你乐意和他交往。真情的微笑是情感的自然表达，是良好沟通的开始。一张微笑、友善的脸，能消融彼此间的隔阂和误会，即便是生气的客户也希望自己看见的是一张微笑的脸。一个销售员要善于传达出这种让客户感觉信任的直觉印象，要以微笑面对客户，让客户从微笑中读出友善，读出信赖，读出“与客户共创成功”的真诚。

销售员在整个服务过程中，让服务在微笑中延伸是高情商的外露，也是积极态度的表现形式，是更好体现自我魅力的方式。微笑作为无言服务，对客户会起到积极情绪的诱导作用。微笑在服务中是情感交流的表露，也是一种服务的表现方式。销售员从微笑中，可以将友好、融洽、和谐、尊重、自信的形象和气氛传染给客户，为成功的客户服务打下良好的基础。

面带微笑，是销售员最美的礼仪

微笑是与人交流的最好方式，也是个人礼仪的最佳体现，特别对于销售员来说，更是高情商的表现。作为销售这个特殊的职业，一定要学会保持微笑。

我们可以从日常观察中得出，客户花钱来消费，可不愿意看到销售员愁眉苦脸的样子。当客户怒气冲冲地来投诉时，销售员的一张紧绷绷的脸只能火上浇油。所以，高情商的销售员不管遇见什么样的客户，都会对其报以真诚的微笑，用笑脸感染客户。

【实战案例】

威廉·怀拉是美国销售寿险的顶尖高手，年收入高达百万美元。而他成功的秘诀就在于拥有一张令客户无法抗拒的笑脸。

威廉原是美国棒球界的知名人士，40 岁退役后想去应征保险公司销售员。他认为利用自己在棒球界的知名度，一定会应聘上的，没想到却惨遭淘汰。人事经理对他说："保险销售员必须有一张迷人的笑脸，而你却没有。"

威廉的倔强性格使他不但没有泄气，反而促使他一定要练出一张笑脸。他买了一面与身体同高的大镜子放在厕所内，以便每天进去练习大笑三次。他搜集了许多明星人物迷人的笑脸照片，贴满房间，以便随时观摩学习。经过长时间的练习，他终于练出了一张迷人笑脸，而凭着这张"婴儿般天真无邪的笑脸"，他也成为了寿险行业的销售冠军。成为百万富翁的威廉经常说："一个不会笑的人，永远无法体会人生的美妙。"

微笑是人和人交往最通用的语言，高情商的销售员和客户的交往过程中，他们的微笑会起着重要的沟通作用，因为他们明白这样的道理：

和客户第一次接触时，脸上灿烂的微笑往往能够让客户放松戒备。没有什么人会拒绝笑脸迎人的销售员，相反人们只会拒绝满脸阴沉，显得十分高傲的销售员。

在处理客户异议的时候，脸上同样要挂着微笑。因为此刻的微笑，代表销售员的自信，自信有能力圆满地解决问题，自信能够让客户满意。

当对顾客要求表示拒绝时，脸上同样要有微笑。此刻的微笑，表示销售员很认同客户的观点，但是确实无能为力，还希望客户能够体谅。

当达成交易与客户道别时，脸上还是要有微笑。此刻的微笑，表示销售员十分感谢客户的购买，对商谈的结果十分满意。

当未达成交易和客户道别时，脸上理所当然地也要有微笑。此刻的微笑，表示虽然没有达成交易有些遗憾，但友谊已经建立，以后肯定还有合作的机会。

可见，情商是一个销售员的修养，更是一种销售力。

【实战点拨】

生活中离不开微笑，同样，销售也离不开微笑。因为微笑是一种人见人爱的表情，它给人留下的是宽厚、谦和、亲切的印象，表达出的是对客户的理解、关怀和尊重。所以，要想做一个高情商的销售员要永远谨记：你虽然无法控制自己的长相，但你能控制自己的笑容；当你面对客户时，请将你的个人情绪锁在心里。下面推荐一些练习微笑的方法，大家可以练一练。

1. 初级微笑

找一支粗细适中的笔，用牙轻轻横咬住它，然后对着镜子，试着摆出普通话“一”音的口型，注意尽力抬高嘴角两端，下唇与上唇迅速并拢，不要露出牙齿。这个口型就是合适的微笑。相同的动作反复练习几次，直到感觉自然为止。

2. 情绪记忆法

借助情绪记忆法训练微笑，即把生活中最令你高兴、最有趣的事情收集起来。每当需要微笑时，想想那些快乐的事情，脸上自然就会流露出笑容。微笑是销售人员职业道德的内容和要求，销售人员必须坚信“客户是上帝”“客户至上”的理念，即使个人生活中有不愉快的事情，也不能带到客户面前，要学会控制自己的情绪，学会过滤烦恼。

3. 高级微笑

高级微笑应该是发自内心的，不仅要求嘴唇动，还要求眼神含笑，即口眼结合。训练时，可以用一张厚纸遮住鼻子以下的部位，然后对着镜子练习微笑的眼神，直到看到眼中含笑为止。

博特·纳尔逊说：“乐观是恐惧的杀手，而一个微笑能穿过最厚的皮肤。每一个准客户的心中都有一个微笑，你发自内心的微笑能把它引出来。你每一次微笑，都会让自己的生活和别人的生活明亮了一点。”一个微笑要在眼睛里有闪光，它不是你有时看见的僵硬的人为面部扭曲。

因此，作为一名销售人员，你必须在生活中有意识地去练习微笑。微笑本身和个性的内向与外向无关，只要肯去训练，任何人都能拥有迷人的微笑，显出自己的非凡情商。

情商提升与实战

1. 情商拓展训练

道具：纸、笔、镜子。

人数：10人。

方法：每两人分为一组，让他们进行2～3分钟的交流，交流的内容不限。当大家停下以后，请两人之间彼此说一下对方有什么非语言表现，包括肢体语言或者表情，比如有人老爱眨眼，有人会不时地撩一下自己的头发。用纸和笔把这些动作记下来。然后，两人继续交流2～3分钟，看看这一次与上一次有什么不同。

规则：在交流的同时不但要注意对方，也要对着镜子注意自己的肢体语言，并随时改进。

目的：通过游戏，培养自己好的、积极的形体语言，提高自己的情商。在日常的生活工作中，为了让别人对你有一个更好的印象，一定要注意戒除自己那些不招人喜欢的动作或表情，注意用良好的手势和表情，帮助自己与客户交流，因为好的肢体语言会有助于你的沟通，坏的肢体语言会阻碍与他人的交往。

2. 情商情境分析

一位企业家应某地政府的邀请，去某地咨询投资事宜，等他赶到该地某局的时候，还有半个多小时就要下班了。于是，这位企业家独自一人前往当地的服务大厅办理事情。

在服务大厅里，五个窗口就剩下一个窗口有人——一个年轻的女性工作人员正眉飞色舞地煲着电话粥。企业家来到这个窗口前面，对那位小姐连说了三次“您好”，没什么反应。差不多10分钟过去了，该工作人员终于在一句“讨厌”声中挂了电话，看见自己的窗口前面站了人，头也不抬地说：“明天再来！”“可明天是周六……”“那周一再来，还用我教你？”该工作人员终于抬起了头，给了企业家一个白眼。“我大老远来一趟不容易，而且现在还不到下班时间……”“行了行了，废话少说，说周一来就周一来，听不清楚吗？”“啪”的一声，最后一个窗口也关上了。

问题：这位女性工作人员做得对不对呢？

3. 情商实战思考

设想你是一个销售网络电话的业务员，要去拜访一个很可能会成为你们公司客户的人。但在交流中，你发现他对你们的产品并不是太感兴趣。这时候，你要采取什么样的积极行动，才能体现出你的高情商？

参考答案

情商情境分析：这位女性工作人员的做法不对，是低情商的表现。这样拒人于千里之外的服务态度，会给人什么感觉呢？用这位企业家的话说：连窗口部门的工作人员都这样，那在该地的投资收益保障实在让人担心。作为服务人员来说，热情待客、文明礼仪是最起码的职业道德。学习和运用服务礼仪，已不仅仅是自身形象的需要，更是提高双招双引、提升竞争力的需要。

情商实战思考：在这幅情境中，你怎么做才是高情商的表现？一般来说，拜访对你不是太欢迎的客户，微笑是最有效的方法，这对客户会起到积极情绪的诱导作用。从微笑中，可以将友好自信的形象和气氛传染给客户，为成功的推销打下良好的基础。

和客户交谈时，把目光的焦点柔和地放在客户脸上，可以让客户了解你正在饶有兴趣地、聚精会神地听他说话，也愿意接受他的看法。

要用积极的态度和温和的语气与顾客谈话。顾客说话时，要认真听，回答时，以“是”为先。眼睛看着对方，不断注意对方的神情。当客户对你产生好感时，再适时地找机会推销自己的产品，在闲聊的时候向他提及这套产品的优点、性价比及客户反馈等信息，但切不可直截了当地鼓动客户购买产品。

第二章 心态积极：心态决定销售业绩

积极的心态是高情商最显著的表现之一。积极的心态不仅会让一个人内心充满自信和正能量，更会让一个人外在的形象充满朝气和阳光。对一个销售员来说，用积极的心态去对待每一次销售工作，会极大地提高销售的成功率。所以，提高销售员的情商不仅能提高其修养，更是提高销售力的最好途径。

主动出击，积极行动赢得客户的认同

在销售工作中，主动就是“没有人告诉你而你正做着恰当的事情”。在竞争异常激烈的新销售时代，被动就会挨打，主动就可以占据优势地位。我们的事业、我们的人生不是上天安排的，是我们主动去争取的。情商高的销售员懂得，积极主动能给自己增加成交的机会，明白社会、企业只能给你提供道具，而舞台需要自己搭建，演出需要自己排练，能演出什么样的精彩节目，有什么样的收视率决定权在自己。

【实战案例】

美国一家著名的建筑材料 W 公司就发生了这样一个故事。因为这家著名的建筑材料公司在全国都有他们自己的销售网点，而在每一个地区，W 总公司都会委派一个销售主管和几个业务员驻守。由于这家公司经营管理到位，公司中的销售工作也不错，公司的业绩每年都在逐步上升。

可是，西部地区的一个城市销售业绩却是平平，一年下来还是保持在原来的水平面上，不见长进。要知道，没有发展对于一个公司来说，就意味着慢性死亡。西部地区负责销售的主管名字叫贝利，以前在 W 总公司干得还不错，也就是由于贝利在工作上的突出成绩，W 总公司决定让他去负责该地区的销售工作。在这一年里，贝利知道自己的业绩平平，所以他一再向总公司打报告，介绍该地区如何如何不好销售，市场多么不好开展。没办法，W 总公司又派了一个新员工 S 到该地区帮助贝利开展工作。结果，新员工 S 一个月内便搞定了两家大客户，为该地区的销售局面带来了转机。

后来，W 总公司才知道，贝利根本就没有把最大的热情投入到推销的过程中去，因为，该地区条件有点艰苦，环境和硬件设施都待开发。而贝利又是一个有固定客户群的老推销员，他很少主动去会见客户，宁肯待在旅馆里休息，也不愿出去受罪和磨嘴皮子。其实，正因为该地区条件艰苦落后，建筑材料公司在此发展才更有商机。因为当时的美国政府正在该地区搞大面积的地方开发建设，潜在的大客户非常多，只要销售员能够积极主动，正面出击，一定能赢得客户。一旦打开这个市场，对于总公司来说，那可是一块“大蛋糕”啊!

新员工S去后，首先了解了当地的大面积建设区域，有针对性地约见了几家当地的房产开发公司，他一次一次地向他们介绍自己销售的产品的优良性能，用他的积极主动和热情去感化客户。有几回，某房产公司因为赶工，在半夜里给S打电话，要求他次日送一份建筑材料检测书给他们，不曾想，半个钟头后，销售员S就带着检测书到了客户灯火通明的办公室，客户大为感动。结果，在五家同类型建筑材料公司中，销售员S的公司胜出。从这之后，W公司在该地区的销售局面一天天好起来，S扭转了局面。就在S去后的第三个月，W总公司就发了文件通知，提升S为该地区的销售主管。

贝利失败了，不是因为他不会销售，是因为他的情商实在不高。其实像他这样的老推销员在销售技巧上一定比S要强得多，但是他丢掉了在激烈竞争中积极主动进攻的热情。很多时候，客户不太可能会自动上门来过问你的产品，即便你的产品非常好，但酒香也怕巷子深，你只有积极主动地找上门去推销，产品才有销售出去的可能。

【实战点拨】

在销售过程中，遭遇销售障碍是常有的事情，这时，考验销售员情商高低的时候到来了——你会不会用积极主动的心态去对待销售工作？一般来说，能运用积极的心态去对待销售障碍的销售员，情商都不会很低。那么，销售员如何培养积极的心态？下面介绍销售员培养积极心态的七个方法。

1. 积极的自我对话

人的意识有实际意识和潜意识之分，潜意识一直推动着人们去做某些事情，而且潜意识的力量是实际意识力量的3万倍。积极的自我对话是指销售人员不断地告诉自己的潜意识，自己很优秀，要对自己充满信心。积极的自我对话如同三餐，是一种强有力的增强自信心的方法。如果销售人员总是给潜意识输入弱势信息，认为自己能力太差，久而久之，能力果真就会随着失败次数的增加而越来越差。由于推销工作的95%都有可能受到或大或小的挫折，如果在遭受挫折之余，销售人员再接着打击自己的信心，就会变得自卑、自怜，很难获得成功。

2. 建立积极的形象

除了积极的自我对话，改变内在的想法外，销售人员还要改变外在的形象，来完善自己的心态。每件事情都是内在世界的反映，销售人员给自己塑造积极的形象后，也会赢得别人的尊重，而这种尊重反过来又会增强销售者的信心，建立起完善的心态。

3. 积极健康的生活

心理健康与生活态度有很大的关系，因此，销售人员建立完善心态的第三点是积极健康的生活。要做到积极健康地生活，销售人员就应该摈弃不良的生活习惯，舍弃一切无益于销售和身心健康的事情。积极健康的生活，会帮助销售人员养成一种积极健康的心理状态。

4. 结交积极的人物

物以类聚，人以群分。结交积极的人物是销售人员养成良好心态的另一个重要方法。朋友对人的影响非常大，当销售人员推销失败时，若朋友举出若干理由，劝说他放弃推销工作，久而久之，信息进入到销售者的潜意识中，最终真能引起销售者的负面情绪，放弃推销工作。相反，如果朋友不断地鼓励，并以自己的经验加以引导，那么销售人员就有可能很快振作起来向成功迈进。对业务有帮助的朋友属于益友，对业务工作有损害的朋友属于损友，积极的朋友会让销售人员的心理更加健康。

5. 积极训练和发展

成功与平凡的销售员心理健康的区别在于，成功的销售员不断地训练和发展自己。积极的训练和发展是第五种完善心态的有效方法。成功的销售人员通过看录像，读有益于销售的书，参加研讨会，来不断地提升自己，永远不断前进，建立健康的心态。

6. 积极的健康习惯

由于销售工作的特殊性，销售人员不仅要有销售技巧，还要有能够努力工作的身体方面的资本。因此，积极的健康习惯就变得至关重要了。良好的饮食习惯和有规律的作息，会让销售人员保持良好的身体状态，从而为健康的心态奠定坚实的基础。

7. 积极的行动力

比别人多做一点儿是成功的奥秘所在，多做一点儿的动力来源于积极的行动力。积极的行动力在赢得更多顾客的同时，还给销售者带来极大的热忱。不断的成功为销售者奠定了良性循环的基础，行动越快，与顾客的成交率也会相应提高得越快。

播撒热情，销售就会犹如神助

对客户是热情还是冷淡，从销售工作看，表面上反映的是销售员的工作态度，实际上体现的是销售员的情商。在销售中保持热情，不仅能彰显销售力，更是销售员高情商的体现。拿破仑·希尔曾有过这样的经验之谈：“想要获得这个世界上的最大奖赏，你就必须要把心中的梦想全部转化为有价值的热情，从而用热情去感染别人，展现自己的才能。”一个情商高的人，无论自己身处何职，都会觉得工作是一项神圣的天职，不论工作有多么困难，需要经历多少磨炼，都会用不急、不躁的态度去对待。只要抱着这种态度，任何人都会成功地完成目标。大哲学家爱默生说过：“有史以来，没有任何一项伟大的事业不是因为热情而成功的。”

【实战案例】

拿破仑·希尔有这样一段自述：

一次，一个销售员向我推销《周六晚邮》杂志，他将那份杂志递到我的面前希望我能够订阅一份，并且暗示我应该如何回答这个问题：

“你会订阅《周六晚邮》吧，是不是？”

当时我很果断地就拒绝了。因为他给我的感觉就好比急需从我的订费中赚取小费。不仅如此，他的表情非常沮丧，而且说的话也毫无热情，也没有足够的理由说服我，所以他失败了。这件事情没过多久，另一位销售员同样也来向我推销杂志。但是不同的是她一共推销六种杂志，其中就有《周六晚邮》。她的推销方法大有不同。她四处观望后忍不住地惊呼："哦！看来您是个十分喜欢阅读的人。"

当然我也欣然接受了她的夸奖，当这位女推销员进来的时候，我正在看一份文稿，我放下手中的文稿，只是想听听她要说什么。

虽然话很短，但是那爽朗的笑容，加上热情的语气，使我这时的注意力全都在她的身上，也做好了倾听的准备。她只用了简短的话语就轻松地完成了最困难的工作。虽然当她走进来的那一刻，我就决定不会放下手中的工作，并礼貌地向她暗示，我很忙，不希望受到打扰。

可是，我密切地关注着她的一举一动。她走到书架前拿起了爱默生的著作，打开书不断地谈论爱默生的那篇"论报酬"。看她津津乐道，使我不得不去注意她推销的那些杂志。她的一番言论使我不知不觉地就获取了许多有关爱默生作品的新观念。然后她微笑着问道："您定期都收到哪些杂志？"听了我的回答后，她把她携带的杂志一一放在桌子上，做了分析并说明我每一种杂志都要订阅的原因。

《周六晚邮》可以让工作一天疲惫的你感到放松，《文学书摘》以最简洁的方式就可以将新闻尽收眼底，《美国杂志》介绍的是一些商业成功人士的最新生活。

但我的反应似乎让她有点儿失望，但是她并没有放弃，继续向我提出一些温馨的暗示："像您这样的大人物，消息肯定是非常的灵通，也一定会在工作方面表现出来。"

她说的这句话真的很到位。这不仅是恭维，更多的是一种委婉的谴责。她的话多少使我有点惭愧。因为她对我所阅读过的资料都进行了调查，而且她向我推销的那几本杂志并不在我的书桌上。

这时我也就不知不觉地问出订阅这六种杂志的价钱。她开玩笑地说："多少钱？这价钱还比不上您手里拿的稿纸的成本多呢！"

她为何能够猜得如此准确呢？答案其实很简单，她并不是猜的，而是早就知道了。这也是推销员的推销方法之一，就是能够很巧妙地让我说出我的工作性质，从而诱导我去谈论这方面的事情。因此，当我谈到自己原稿的时候，便承认15张稿纸就可以有250美元的收入。

最后，在离开的时候她不仅带走了这六种杂志的订单，而且还招揽了我的几位同事订阅了她的杂志。

这位推销员的情商一定不会低，因为她用热情打动了拿破仑·希尔，也打动了其他五位职员。这对于一个销售员来说可谓战果累累，她的热情并不是装出来的，而让人感觉就是自身天然具备的，无论从谈话上还是态度上，无不体现出她那股热忱的态度在无形中引导着你去购买她的商品。当然，热情的表现一定要适度，否则会有负面影响，让顾客以为你是装腔作势。

【实战点拨】

那么，销售员如何体现出高情商中的热情呢？其实，销售中做到热情很简单，一个关注的眼神，一个真诚的微笑，顾客需要时主动帮忙，顾客出错时善意提醒等等，都是热情的表现。热情一定是由内而外自然流露的，只有那些由衷热爱自己工作的人，才会具有非凡的情商。

只有播撒你的热情，让顾客看到你的主动，感受到你的温暖，你才会赢得顾客的信任，和顾客交流或交易就会变得容易得多。那么，销售人员应该如何培养自己的热情呢？

（1）要始终热爱销售事业。

（2）要把“勇于面对”和“战胜挫折”作为一种乐趣。工作中的困难、艰苦、挫折是每一位销售人员必须面对的。因此，要始终以乐观的精神，积极的态度对待销售工作，在工作中寻找乐趣，丰富人生。

（3）总结成功可用的方法，经常自我鼓励、自我激励对调动和激发个人工作热情是十分重要的。

（4）要对自己有信心，也就是说要对自己的产品有信心，对自己的服务有信心。只有这样，当你与客户打交道时，才会热情洋溢，积极地为产品做宣传。

（5）热情应该是发自内心，而不是发自口舌。让顾客感受到你的真诚、你的真心，以诚相待，才能建立长远的合作关系。

作为一名销售员，应该从对方身上找到自己可以表现热情的地方，即为你的热情找一个可以接受的载体，而适当的热情将是销售员成功的催化剂。

不论是什么原因影响了你的热情，顾客都不会去给你抚平创伤的，客户只能以你的态度给予你同样的回报。所以说，无论是经营什么，只有热情和真挚才能赢得新顾客的捧场和青睐。

清除自卑心理，才能做优秀的销售员

要做一个高情商的销售员，一定不能有自卑心理。因为自卑是情商低的表现，是销售员销售工作的拦路虎。因为销售的形象所传递的往往是客户对产品的印象。所以，如果你想成为一流的销售员，就必须清除自卑心理，因为只有自信，才会让客户对你产生信任，对产品产生信赖感，才会心甘情愿地购买你的产品。

【实战案例】

李良在大学三年级暑期的时候，为了增强社会实践能力，经过同学介绍，做了一名厨房灶具销售员。可是，在做厨房灶具销售没几天，李良就开始打退堂鼓了。因为在销售过程中，向客户介绍产品的时候，只要客户眼睛直视他，他就紧张得不得了，说话结巴起来，更不敢回答客户提出的问题，害怕哪个地方讲错了。很多客户没有听完就走开了，有的客户根本不会听他说什么。

渐渐地，他开始害怕客户，认为自己没有能力驾驭客户。

“和公司的同事相比，我口才不好，又没有什么社会资源可以利用，我觉得自己不适合做销售，因为我做不好。”在一个业务培训活动中，李良这样和销售培训师说。

“很多优秀的销售员，他们在开始做销售员时和你一样，都会觉得自己不适合做销售工作，但是挺过来之后，他们却做得很好。你知道问题出在哪儿吗？这是自卑心理在作祟，当然，这也是成为优秀销售员最大的瓶颈。”销售培训师说。

“我该如何做才能突破这个瓶颈呢？”李良问。

“在拜访客户的时候，客户的拒绝是正常的。你记住，你是个大学生，一定能胜任这份工作，相信自己有能力和任何客户沟通交流。遇到客户，你要相信自己，敢于表达，不要惧怕客户。这样，你就能征服客户，突破这个瓶颈。”销售培训师说。

经过一段时间的磨炼，李良不再惧怕和客户接触，哪怕是遇到很刻薄的客户，他也是信心满满地应对。客户下单的时候，他心中有无比的成就感。慢慢地，他喜欢上了销售这份工作，也取得了不错的业绩。

销售员就是一个用自信创造销售业绩的职业。销售就是信心的传递和信念的转移，即用自己对产品或服务的信心来影响客户的选择。所以，就像案例中的李良那样，要想成为一名成功的销售人员，就必须对自己充满自信，信心十足地接待你的每一个客户。

【实战点拨】

自卑，是低情商的表现，改变自卑心理，就要提高自己的情商。假如你是一个自卑情绪占主导地位的人，你应该剔除自卑情结，因为改变自卑的心理是对自信心的提升，也是提高情商的途径。一个销售员该如何通过改变自卑来提高自己的情商呢？

1. 要有一个全面的自我认识和正确的自我评价

改变自卑的心理，先要全面而深入地了解自己的各个方面，包括个性、兴趣、特长、知识水平、实际能力、价值观念及过去的成功经验和失败教训等。然后，对各个方面进行分析、比较、判断，弄清自己的长处和短处、优势和劣势、稳定因素和非稳定因素、现实方面和潜在方面等等，并将这些方面同自己的销售工作联系起来综合考虑、全面衡量，做出正确、客观的自我评价。

2. 要克服畏惧情绪

自卑心理很重的销售员，要么认为自己什么都不行，甚至觉得自己根本不适合做销售工作；要么就是有畏惧情绪，“怕”字当头，怕销售干不好，怕顾客拒绝，怕商品卖不出去。自卑感和畏惧情绪严重阻碍自信心的确立，应该加以消除。

3. 要在销售实践中加强心理训练，克服不良心理习惯

销售员要克服自卑，就应在销售实践中不断加强自我心理训练。心理训练的一种有效方法是自我暗示，销售员可在销售实践中经常进行积极的自我心理暗示，逐步培养自信心。

应该指出的是，培养自信心的情商训练是在销售实践中进行的，离开销售实践只靠想象，单凭心理活动是难有成效的。熟悉了销售业务、积累了经验、提高了能力，自卑心理才会彻底清除，建立自信。从这种意义上讲，销售员的自卑心理是在不断获取销售经验和逐步做到办事胸有成竹的过程中清除的。

增强自信，可以提升你的销售力

前面说过，是否充满自信最能显现一个人的情商。对销售员来说，自信不仅是个人内心素质的体现，更是一个人销售能力的显现。要想做好销售，必须对自己有信心，相信自己，并为之不懈努力。相信自己会成功，这一点至关重要。并不是每个人都可以明确地认识到自己的销售能力，但它确实存在，所以要自信。

【实战案例】

陈光是一家杀毒软件公司的电话销售员，上班第一天，他信心百倍地向客户销售杀毒软件，可是好几天过去了，却毫无进展，一套都没卖出去，还受了一肚子气。一个星期后，陈光向部门经理诉苦：“经理，在这家公司销售是不可能完成的任务，客户对我的态度太差了。我在想，是不是我根本不适合销售这个行业？要不，你把我调到其他部门吧。”

经理耐心地听他说完，鼓励他：“每个人都会经历这个阶段的，你不要这么快就怀疑自己，我觉得你还是很有潜力的。为什么不再试一试呢？要相信自己。”

第二天，陈光抱着尝试的心态又打电话给客户，他谨记部门经理的话，告诉自己要争取向每一个人销售的机会。可是，在和客户谈话的过程中，他脑袋里还是不停地闪现一个念头：“我不适合做销售员，再努力也成功不了的。”他越来越没有信心，最后沮丧地离开了公司。

就像案例中的陈光一样，在销售中，有些销售员一开始意气风发，一副舍我其谁的架势，但是，几次打击之后，就开始怀疑自己的能力，丧失了信心和勇气。可见，情商低的销售员，在面对销售困难时，容易失去自信，从而逐渐形成怯懦、畏缩的心态，他们不敢面对客户，乃至不敢面对工作中的所有问题，最终变得庸庸碌碌。

【实战点拨】

作为销售员应为自己增强自信付出努力，下面看看销售员可以从哪些方面着手来增强自信。

1. 目光正视别人

“眼睛是心灵的窗户”，一个人的眼神可以告诉他人许多信息。如果别人的目光一直回避你，你的直觉会问你自己：“他想要隐藏什么呢？他怕什么呢？他会对我不利吗？”

很多人会顾忌社交礼仪方面的要求，不愿过多直视别人。但是正视并不是直视，正视是一种积极的、不回避的态度，是自信的表现。不正视别人通常意味着：“我怕你”“在你旁边我感到很自卑”“我不喜欢你”等含义。躲避别人的目光意味着：“我做了或想到了什么我不希望你知道的事”“我怕一接触你的眼神，你就会看穿我”“我有罪恶感等不好的信息”。而正视别人等于告诉他：“我很诚实，而且光明正大”“相信我告诉你的话是真的，绝不虚假”。

调动起你的眼睛来！你为别人工作的时候，就让你的眼睛成为你的雇工，为培养你的自信工作。让你的眼神专注别人，这不但能给你信心，也能为你赢得别人的信任。

2. 常选择并占据突出位置

你是否注意到：在聚会或者听讲的时候，尤其是在室内有座椅的地方聚会或听讲的时候，后面的座位是怎么先被坐满的呢？尤其是当你所在公司进行销售员培训的时候．你是否仔细观察到这样的现象了呢？大部分占据后排座位的人，都希望自己不会太显眼，而怕受人注目的原因就是缺乏信心。

销售员没有获得成功往往就是因为惧怕“显眼”。“坐在前面能建立信心”，把这当作一个定律试试看，从现在开始就尽量往前坐。当然，坐前面会比较显眼，但要记住，有关成功的一切都是显眼的。从现在起，你开始自信，你在接近成功。

3. 鼓足勇气练习当众发言

在日常的工作总结、销售培训以及面对顾客的时候，你经常会发现自己的一些同事沉默不语。如果不够自信，你就会成为其中的一员，因为你会认为：“我的意见可能没有价值，如果说出来，别人可能会觉得很愚蠢，我最好什么也不说。而且，其他人可能都比我懂得多，我并不想让他们知道我是多么无知。”甚至，常常会对自己许下很渺茫的诺言：“等下一次再发言。”你也很清楚，如果自己不尝试一次，是无法实现这个诺言的。

这种情况下，沉默不语的人就是缺乏自信。拿破仑·希尔指出，有很多思维敏锐、天资聪慧的人，却无法发挥他们的长处参与讨论，并不是他们不想参与，而只是因为他们缺少信心。信心不足的人，需要不断鼓励自己，否则将会丧失自信。

4. 走路的速度加快 20%

心理学家将懒散的姿势、缓慢的步伐与不愉快的感受联系在一起。普通人有普通人走路的模样，做出“我并不怎么以自己为荣”的表白。另一种人则表现出超凡的信心，走起路来比一般人快。他们的步伐告诉整个世界：“我要去做很重要的事情，为了这个，我要在最短的时间里赶到另外一个地方，在最短的时间里取得成功。”

同时，心理学家也告诉我们，借着改变走路的姿势与速度，可以改变心理状态。使用这种“走快 20%”的技巧，抬头挺胸走快一点，你就会感到自信心在滋长。

不卑不亢，尊重自己才能做好销售

销售员都应该明白，销售与其他行业一样，只是具体工作内容不同。销售员不是把产品或服务强加给别人，而是帮助客户解决问题。你是专家，是顾问，你与客户是平等的，因为你更懂得如何来帮助他，所以，情商高的销售员是非常尊重销售这个职业的，以销售工作为荣，绝对不会为了讨好客户而在其面前低声下气。其实，销售员只有尊重自己的职业，才能成为一名销售高手。

【实战案例】

“你知道，你们和其他品牌相比，可没有什么竞争力，我完全是看在李小姐的面子上才采购你们的产品设备的，为了妹妹你我可是豁出去了。”采购部的王经理眼睛盯着漂亮的设备销售员李小姐笑眯眯地说。

“当然是多亏您的鼎力相助，十分感谢。您看我们什么时候能签合同呢？”李小姐也笑着回答。

“什么时候签单就看李小姐啦，我可是十分仰慕李小姐呀！因为你和我的初恋很像……”王经理别有深意地说。

“我相信王经理之所以选择我们的产品，绝不是因为我的长相和谁相像，而是相信我们的产品。当然，您能把我和您的初恋相提并论，我十分荣幸，也很感谢，因为初恋之间的感情往往是十分纯洁的。业务上的合作建立在纯洁之上，正是我一贯所追求的，感谢王经理的这番成全。”李小姐回答。

“选择李小姐，就是因为你口才好，我喜欢。哈哈……我知道，要是签下我这单，你应该拿不少佣金，对于任何一个靠业绩提成吃饭的销售员来说，可是一笔不菲的收入呀。恕我直言，像你这样的销售员每天来找我的也不知有多少，很多我都懒得接待他们……我有个旅游计划，签下这单，我们可以一起出去找个地方放松一下吗？”

“谢谢您的好意。我想向您讲的是，我只靠我推销的产品质量吃饭。和您相比，我的确收入微薄，这份提成对我很重要，但我还是希望您是在认可我们的产品的基础上才选择我们的产品，而不是我个人的原因，否则会让您失望的——我可以缓一缓再签这份合同……”

“哈哈……李小姐的人品我也喜欢。之前对你们产品质量还有疑虑，现在看来，你们产品质量也会和你的人品一样好。合同马上签，马上签。”王经理说。

高情商的销售员绝不会为了销售的成功而在客户面前卑躬屈膝。事实上，如果你连自己都不尊重，别人又怎能看得起你？情商高的销售明白这样一个道理：客户注重的是产品的质量，否则，交易就无从谈起。所以，面对客户无理的表现，应当拿出不卑不亢的态度，以此来赢得客户的好感，从而促成交易。

【实战点拨】

现实生活中，众生平等，人与人之间也没有高低贵贱之分，只有在平等的语境里交流，才能更加顺畅。对于销售员来说，自信要比低声下气更能吸引客户，因为你的自信让你的产品也会获得信任。相反，低声下气并不能获得客户的好感，所以销售员要学会不卑不亢，认真摆正自己的心态。在这方面情商修炼时不妨做到：

（1）正确认识销售工作，销售不是卑贱的行业。

（2）告诉自己：“大人物也是有感情的，只要自己努力了，就一定会有好的结果。”

（3）肯定自身的价值，不要自卑。自轻自贱是许多销售员业绩差的原因。

（4）在销售过程中，要尽量保持与客户平等的语气，说话要自信坚定。自信坚定的语气能给人以安全感。

乔·吉拉德说：“每一个销售员都应以自己的职业为骄傲，因为销售员推动了整个世界。如果我们不把货物从货架上和仓库里面运出来，整个社会体系的钟就要停摆了。”

身为一名销售员应该以销售工作为荣，因为这是一份值得别人尊敬及会使人有成就感的职业，如果有方法能使失业率降到最低，销售即是其中最必要的条件。你要知道，一个普通的销售员可为30位工厂的员工提供稳定的工作机会。这样的工作，怎么能说不是重要的呢？所以无论何时都能自豪地说出自己是销售员，不卑不亢地向客户推销自己的产品，是高情商的标配。

情商提升与实战

1. 情商拓展训练

道具：无。

人数：10 人。

方法：10 人分成 5 组，每组 2 人。1 个扮演客户，1 人扮演销售员，两人演示一个设定的销售服务场景。

规则：在演示过程中，销售员就客户提出的突然问题，机智巧妙地应答，时间为 30 分钟。演示完毕后，两人互换角色，再次进行游戏，时间仍为 30 分钟。

目的：通过游戏，锻炼游戏参与者的应变能力，提高自己的情商。

2. 情商情境分析

下面是一家营业大厅里的场景：

座席代表：“我知道您很沮丧，让我解释一下您有哪些选择。”

客户：……（继续不友好地说着）

座席代表：“的确很令人沮丧，我能给您解释一下吗？”

客户：……（忽视反应，继续发火）

座席代表：“我知道您很沮丧，还是让我谈一下您面临的选择吧。”

3. 情商实战思考

假设你是一家企业的销售员，有一天遇到一个愤怒的客户，一直对你们的服务指责不停，甚至对你进行人身攻击，这时，就是考验你的应变能力的时候了。你应当如何处理才能显示你的情商高？

参考答案

情商情境分析：这个客户一直沉浸在自己的情绪中不能自拔，有时候客户会因看不到你的反应，而一直反复发火、指责。高情商的销售员会用一两个安抚性的单词或短语，对客户有重点地重复强调，直到客户情绪平复下来。而情商低的销售员，往往会以牙还牙地反驳客户，和客户发生正面冲突。

情商实战思考：你做过很多尝试后，对方依然出言不逊，甚至不尊重你的人格。这时，情商高的销售员会见缝插针，采用较为坚定的态度给对方一定的限制："非常想帮助您。但您如果一直这样情绪激动，我只能和您另外约一个时间来谈论这件事。您看呢？"这样，会起到良好的沟通效果。

第三章 学会坚持：坚持迎来更多的订单

成功需要一份坚持，需要拿出恒心和毅力，而这是情商低下的人很难做到的。懂得坚持，是一名优秀销售人员必不可少的情商素养。任何销售行为都不是一帆风顺的，在销售过程中总会遇见这样或那样的困难，要是遇见困难就打退堂鼓，是没有办法从事销售工作的。所以，对销售工作有没有坚持心，不仅是情商高低的表现，更是能不能做一名优秀销售员的标尺。

有毅力，你终将迈向成功

毅力也叫意志力，是人们为达到预定的目标而自觉克服困难的一种意志品质；毅力，是人的一种心理忍耐力，是一个人完成学习、工作、事业的持久力。毅力高低在一定程度上反映情商的高低，也能反映销售能力的高低。

【实战案例】

陈 ×× 开了一家服装店，代理一个意大利名牌。这个品牌是世界顶级的，价格昂贵，全世界 44 个国家的总统、元首、王子都在穿这种西装。

当初谈这个代理权的时候，他可费了很大的力气。

在他与意大利总店谈的时候，台湾一家著名的服装店也同时在与意大利人谈。陈 ×× 没有做服装代理的经验，但是，最后是他拿到了台湾地区的代理权。

10 年前，陈 ×× 到美国好莱坞的比弗利山庄买衣服，看中了现在他代理的这个品牌。当时，这样的一套西服要卖 3000 美元。陈 ×× 心想，自己常常演讲，对优质西服的需求量很大，假如自己开一家服装店，代理这种西服，能够以批发价格穿到这样好的西服，不是很好吗？

但是他当时并没有下定决心。有一次他去马来西亚的吉隆坡演讲，讲完之后去购物时，在一家饭店里发现了他想代理的那个品牌。他找到经理："我叫陈 ××，我可不可以跟你们的总裁见一面。我想知道总裁在哪里。"

"总裁当然是在总公司，意大利罗马。"

陈 ×× 说："经理，假如你今天能够帮我联系和总裁见一面，我愿意飞 20 个小时到罗马，只要总裁给 5 分钟的时间。"

“你这么有诚意？”

陈 ×× 说：“绝对是这样。”

但是，经理并不完全相信他的诚意，没有帮助他联系总部。

一个月之后，陈 ×× 打电话给经理说：“我是陈 ××，你还记得吗？我要取得台湾区域的代理。”

“你真的想要做代理吗？”

陈 ×× 说：“经理你别跟我开玩笑，我上个月就跟你明确表达了。”

“那你下个月再打电话来试试看。”

又过了一个月，陈 ×× 打电话给经理，经理说：“哦，你真的确定要代理这个品牌吗？”陈 ×× 说：“我讲得这么清楚了。”但是那个经理还是不相信。

第三个月经理还说：“你真的确定了吗？”

直到第七个月，陈 ×× 问经理有没有消息，经理说：“总裁同意与你在吉隆坡见面，愿意给你 5 分钟。”

见面的时候，总裁问陈 ××：“你是做什么的？”

“我是作家、演说家。”

“你从事过服装业吗？”

“没有。”

听了回答，陈 ×× 发现总裁的表情很难看。但总裁还是说：“如果真的很想代理我们的产品，那就 6 月 2 日到罗马来找我。”

6 月 2 日，陈 ×× 乘坐了 20 个小时的飞机赶到罗马，早上 8 点钟，陈 ×× 已经站在总裁办公室的门口。秘书说：“对不起，总裁今天没空。”陈 ×× 就在那里等，心想，总不能这样就走开呀。终于，等到 12 点 55 分，总裁抽出 5 分钟接见了陈 ×× 说：“你真的这么有兴趣，干脆 7 月份到我们百老汇的时装秀来。”

7 月，陈 ×× 又飞到了百老汇，总裁说：“没空，你真的有兴趣请 10 月份再到罗马去。”陈 ××10 月又飞去罗马，他说：“没空，你真的有兴趣，明年 1 月再过来。”

就这样，陈 ×× 以少有的耐心和毅力飞了一年多，总裁终于答应要见陈 ××1 个小时。

那次会面，总裁跟他的儿子还有公司 4 个高层请陈 ×× 吃饭，30 分钟之后，总裁对陈××说："对不起，我和我的儿子要走了。"离开之前，总裁对资深的销售副总讲："让这个人取得代理权，从今天下午开始订货。"

只有拥有毅力的人，才能突破重重障碍，达到成功。毅力，会让一个销售员在困难中守候成功。如果说有毅力的销售员情商高，那是因为他们明白毅力在销售过程中能起到很大的积极作用。有毅力是一种素养，更是一种心机——这就是高情商最好的体现。所以，高情商的销售人员总会重视自己的毅力修炼，从而不断提高自己，最终迈向成功。

【实战点拨】

西点军校前校长本尼迪克特曾经说过："遭遇挫折并不可怕，可怕的是因挫折而产生的对自己能力的怀疑。只要精神不倒，敢于放手一搏，就有胜利的希望。"销售如打仗，你的对手就是客户的拒绝和你的怯懦，如果缺乏一定的毅力，很容易被困难吓倒，成功的销售就无从谈起。试想一下，如果你身临战场，当遇到困难和敌人时就赶紧后退，那么后果会如何？把事情做好，把困难解决掉，这不也是一种作战吗？因此，当你在销售过程中碰到困难时，应遵循一个原则——勇敢地在销售困难中坚守，不断攻坚克难，绝不言退，发挥自己的强项。

在情商高的销售员眼里"碰到困难绝不言退，发挥自己的强项"有两个方面的含义：

1. 做给别人看——让别人知道你并不是一个胆小鬼

即使销售失败了，你不怕困难的精神和勇气也会得到他人的赞赏；如果你顺利地克服了困难，签下了订单，这就更加向他人证实了你的能力。如果有人出于对你的不服、怀疑、中伤、嫉妒而故意给你出些难题，当你解决时，你不仅解除了他人的敌意，而且还提高了自己的地位。

2. 做给自己看——一个人一生中不可能事事顺心如意

销售中碰到点困难，这并不可怕，应把困难当成是对自己的一种考验与磨炼。也许你不一定能克服所有的困难，但在克服这些困难的过程中，你在经验、心志、胸怀等各方面都会有所成长，所谓"吃一堑、长一智"，说的就是这一道理。这对你日后面对困难有很大的帮助，因为你至少学会了如何处理此类问题。如果你顺利地克服了困难，那么在这一过程中你所积累的经验和信心将是你一生当中最可贵的财富。

困难就是为销售员成功而准备的垫脚石，只有不畏惧地迎向困难，你才能成为最优秀的销售员。所以作为销售员，你一定要有迎难而上的精神，坚持就是胜利。

在这里，培养情商中的毅力有四个简单的步骤。实施这些步骤并不需要高度的智力，也不需要太多的条件，亦无须花大量的时间与精力。这四个步骤是：

（1）在欲望的支配下建立明确的目标。

（2）制订完整的计划并开始付诸行动。

（3）摒弃一切否定的、沮丧的、影响心理的因素，如亲朋好友的消极反应。

（4）与鼓励你实现自己计划的人结成同盟。

有战胜恐惧的勇气，才能做优秀销售员

害怕，是很多刚刚从事销售工作的销售员的普遍心态，因为他们害怕被客户骂，害怕被客户赶出来，害怕被客户拒绝，害怕遇见熟人……总之，对销售行为充满恐惧心理。所以，从事销售，需要有一定的勇气。

在销售工作中，有没有迎难而上的勇气，体现的不仅是销售员的情商高低，更能看得出销售员的销售能力。销售是高情商的人才能做好的工作，因为这其中需要情商中最核心的素养——勇气。只有拥有无论如何也要完成的勇气，才能够说服客户购买产品，达到自己的目标。作为一个销售员，如果你能激发出自己的勇气，就会创造出令人大吃一惊的成绩。

【实战案例】

克里曼特·斯通生于美国一个并不富裕的家庭。他16岁时便开始帮母亲销售保险，获得了意想不到的成功，后来被学校勒令退学，斯通坚持自学，后曾进入大学学习法律。

在初中毕业升高中的那一年，斯通利用暑假帮母亲销售保险，这年他才16岁。按照母亲的指点，斯通来到一幢办公楼前。他不知道该怎样开始销售，徘徊了一阵后，他有些害怕了，想打退堂鼓，毕竟他还是一个未成年的孩子。回忆这一段经历时，斯通说："我站在那幢大楼外的人行道上，不知道自己该怎么样去做，更不知道自己能不能将产品销售出去……我一面发抖，一面默默地对自己说：'当你尝试去做一件对自己只有益处，而无任何伤害的事时，就应该勇敢一些，而且应该立即行动。'"

于是斯通毅然走进了大楼。他想，如果被赶出来，就再一次壮着胆进去，绝不退缩。斯通没有被赶出来，而且那幢办公楼的每一个房间他都进去了。在这一间办公室遭到拒绝，他便毫不犹豫地去敲开下一间办公室的门，不断地劝说人们买他的保险。

斯通几乎跑遍了整个办公楼内的所有办公室，终于有两位职员向他买了保险。两个客户算不了什么，但对斯通来说，意义远不止成交了两笔生意，这是他在销售保险方面迈出的重要一步，同时，他还学到了该怎样去克服心理障碍并向陌生人销售的方法。

第一天的销售，他发现了一个秘诀，就是从一间办公室出来后应立刻冲进另一间办公室，这样做是不给自己时间犹豫，从而可以克服自己的畏惧感，让自己勇气十足。对此，他说："一位成功的销售员，应该具备一股鞭策自己、鼓励自己的内动力。只有这样，才能在大多数人因胆怯而裹足不前的情况下，或者在许多人根本不敢参加的场合下大胆向前，向销售的高境界推进。正是这种销售员，凭着过人的勇气、自信和上进心，凭着鞭策鼓励自己的内动力，总能克服害怕遭人白眼和被拒绝的心魔，勇敢地去向每一个他可能遇到的陌生人销售自己的商品。"

随着销售业绩的不断上升，斯通对自己做了一个全面的分析。他发现，正是因为自己有了过人的勇气，才获得了如此巨大的成功。

这个例子证明，销售需要一份勇气的支持。一个优秀的销售员最重要的条件，是对销售没有恐惧之心，相反，他有战胜销售困难的勇气。特别是刚刚从事销售工作的销售员，在推销产品时，害怕遇见熟人，惧怕客户拒绝……这个时候，特别需要战胜恐惧心理的一份勇气。

【实战点拨】

“天下本无事，庸人自扰之。”情商低的销售员，在销售过程中不是担心这个就是担心那个，对销售充满恐惧，有很多人要么会被一个小小的困难吓倒，要么会因此彻底放弃销售工作。那么，假如你从事销售工作，如何做才能克服因销售带来的恐惧心理呢?

你做到以下几点，一定会克服恐惧心理。

1. 相信自己

自信心是一切事业成功的基础。在销售工作中，相信自己则意味着不仅仅相信自己的办事能力，而且相信自己选择销售事业的正确性，相信自己的工作能够给每一个人带来健康、财富和事业，相信自己是把产品、把爱心和朋友们分享。只要树立了这种职业的自信心与自豪感，你自然会勇敢地走向陌生人。

2. 合理地评估对方

两人初次见面时，往往很自然地在乎别人对自己的评价。但作为销售人员，如果时时在意对方的想法，心理上就会有患得患失之感，产生巨大的压力，当然会显得紧张无措。所以，你不如暂时忘记自己，反过来评价对方：仔细观察对方的表情、服装、说话神态，找到对方的缺点。这样，在心理上你就能从被动变为主动，产生与对方平等的感受，压迫感与恐惧感随之减缓。

3. 大声说话

在初次见面的场合，你不妨试着尽量放开声音，大声交谈，有力地握住对方的手，开个无伤大雅的玩笑或爽朗地大笑，都会使紧张的心理迅速缓解，害怕与畏缩也就被抛到九霄云外了。

4. 心情放松

我们的生活中总会有些日常琐事让人烦躁不安，但请你千万记住：不愉快的情绪会带给对方不愉快的印象。因此，在和陌生人会面时，一定要抛开不顺心的事，想一些让自己高兴的事，试着哼几句喜欢的歌，踩着轻快的步伐，让心情飞扬起来，把一个快快乐乐的你，呈现在别人面前。这时，你还会紧张吗?

情商，是成功销售的“工具包”，充足勇气是这个“包”的一个最常用又最有效果的销售工具。销售员每天要面对许多不同性格、不同背景的客户，而且还要面对被拒绝的压力，如果不是勇气十足的话，就很难在这一行里干出个人样来，这就像敌我双方战斗一样，士气低迷的一方是永远不会取胜的。

不畏拒绝，用执着打动客户

有些销售员一遇到强悍的客户提出质疑，就干脆放弃走人，而这种容易放弃的举动就是低情商销售员的典型表现。一个销售员一生中遭到拒绝的次数远远大于被接受的次数。面对一次次的拒绝，为自己心中的希望作顽强的努力，哪怕就是最后一次机会，也不要轻易放弃。作为高情商的销售员需要的就是这种坚定的意志和执着的精神。

【实战案例】

一天，有位销售员向某公司的总务处长推销电脑，总务处长就和以往应付销售员一样说了句：“我想想看。”销售员就很老实地答道：“好的，那您再想想。”然后便离开了。当那位处长正要转身离开时，他又来了，处长以为他忘了什么东西，但是他却笑着说道：“您想好了没有?”当看到处长满脸吃惊的表情时，他说：“没有想好的话，那我过一会儿再来。”大约过了半个小时后，他又来了：“您大概已经想好了。”处长的表情仍然是十分的困惑，这位推销员又说：“我再来。”

这时处长看到他又过来了，心想：“我到底应该用什么样的表情面对他，如果太友好的话他可能会没完没了，如果太过分的话，又感到心里过意不去。”这时推销员又问道：“您已经考虑好了吗？对不起，我再来。”

天已经黑了，但是他已是第13次来访了，处长终究是拗不过他，疲惫不堪地告诉他：“我买。”销售员问：“真的是太感谢了，但是您为何还是觉得要买呢？”

处长无奈地说道：“像你这样执着的人真的是百年难得一见，我只好认了。”

当那位处长说“我考虑考虑”的时候，说明他并没有拒绝，没有拒绝就有成交的可能，虽然知道这是一种委婉的拒绝，而你不妨就把它当作是他发自内心的话，装一下糊涂。对于像这种拒绝又非拒绝的情况，你告诉自己：“再来一次，也许成功就在眼前！”作为一个销售员要时刻用执着来提醒自己，即使前面的几次都被拒绝了，说不定这一次就是成功的时候。

【实战点拨】

作为销售员会经历很多被拒绝的场景，不论你的产品多有优势，还是你都被自己的口才折服，但客户还是会质疑，或是有所异议，甚至直接拒绝。当然对于那些低情商的销售员来说，在经历多次被拒绝之后，那种失败和挫折感将会占据整个心灵。

那么如何提高自己的情商，学会用执着和耐心打动顾客呢？销售人员应当努力做到以下几点：

（1）自我激励。

（2）把销售坚持到最后。

（3）积极反省，直接向客户请教。如果销售员已努力完成销售，而对方依然说“我想再考虑一下”，此时，销售员需要知道对方不购买的理由。通过询问对方，可以巧妙地追究掩藏在深处的原因到底是什么。

（4）调整策略，迅速改正错误。当知道了客户不购买的真正原因后，销售员应调整策略，迅速改正错误，尤其要注意以下几方面：

①避免使用“我知道你为什么那样想”，这样的话会使客户产生抵触心

理，因为他们会在心里想："你根本不知道我怎么想的。"

②不要与潜在客户争论，即使他们给你提的意见不正确。不要用"是的，但是……"因为这会使客户的推理大打折扣，并且很容易引起争论。

人生常常因为心浮气躁，缺乏执着精神而最终失败。在销售上也是如此，坚持就是胜利的道理我们每个人都懂得。只要坚持修炼情商，做到不害怕拒绝，执着努力，总会有意想不到的收获。

屡拒屡战，拒绝背后也有阳光

对于大多数销售员来说，遇到客户拒绝的概率远远要大于销售成功的概率。很多时候销售员甚至还没有开口就会遭到一盆冷水。作为销售员面对顾客的拒绝，除了要有抗打压的心理，还要学会用积极的心态来面对拒绝，甚至欣赏拒绝。

【实战案例】

有一位销售员，业务工作做得很成功。别人问她有什么秘诀，她说："刚开始的时候，我对自己一点信心也没有，每天都要与不同的人打交道，说上一大堆的话而且有的时候还不一定能够成功。直到有一天我遇到了一位销售专家，这位专家要我想象自己就站在客户家的门外。"

以下是我们之间的对话：

专家问："你知道现在你正在干什么吗？"

"我正站在客户家的门外。"

"那么接下来你将做什么？"

"当然是进入客户的家里。"

"进入后，你觉得最糟糕的情况会是怎样？"

“最糟糕的情况应该会被赶出来吧。”

专家又问：“被赶出来后，你接下来会做什么？”

“嗯……我想应该还会继续站在客户家的门外吧。”

销售专家说：“回答得很好，那不就是你现在所站的位置吗？最糟糕的结果也不过是回到刚开始的地方，如果是这样的话，又有什么可怕的呢？”

“自从和这个销售专家谈过之后，我就决定今后哪怕只有1%的希望，我都坚决不会放弃并且会做出100%的努力。记得有一位客户，大热天的我跑了几十趟，最后好不容易，他决定买一份保险。但是没过几天他却想退，这时我只好应允了。其实仔细想想没有什么，失败了又怎样？谁没有失败过，大不了回到起点，对于我来说也并没有什么损失，反而还收获了不少的人生经验。”

作为销售员，相信你每天都会遇到无数种被拒绝的状况。面对这些拒绝，你是不是一筹莫展，不知道怎么解决，甚至怀疑自己根本就不是做销售的料，从而有离开这行的念头。其实，销售是从被拒绝开始的，一个伟大的销售员，必定是在被拒绝中成长起来的。因此，你若想成为真正的赢家，就必须学会接受拒绝和克服拒绝。

【实战点拨】

在销售中，销售员要通过提高情商，让自己习惯于在被拒绝中找到快乐，习惯去欣赏被拒绝。在拒绝面前我们要有从容不迫的气度和经验，不要因遭到拒绝而灰心丧气。因为销售成功就隐藏在拒绝的后面。在此，为想成为高情商的你提供以下建议：

1. 辨析客户的言外之意

有的客户表面上是对你表示拒绝了，事实上他拒绝的话语中可能正显示出他的购买欲。例如他说：“我很想买一个，但价钱这么贵……”他真正的目的可能希望你能给他便宜点。所以你只要挠到客户的痒处，就很有成功的希望。

2. 微笑着说“再见”

被客户拒绝后，你更加要保持你的绅士和淑女风范，要微笑着跟客户说：“不好意思，耽误您时间了，谢谢您的接待。”并跟客户约定下次见面的时间。如果不能定具体日期就跟客户说："下一次等您有空，我再来拜访或再来请教。"

3. 运用三分钟坚持术

遇到客户的拒绝时，一定要去寻找他拒绝你的真正原因，比如他说"工作忙，没时间"，但你走后他可能只是打牌、聊天、看电视。因此，面对拒绝你最好不要信以为真，你需要做的只有一件事，就是请求对方再给你三分钟时间，并且告诉客户："三分钟一到，如果您还不感兴趣，我无话可说，一定会走。"

作为一个销售员一而再、再而三地遭到拒绝，心里难免会感到失落，甚至会影响到你的工作和生活。但是高情商的销售员都明白：并非所有的拒绝都是不可化解的，分析一下自己的准客户，对症下药，让不可能变成可能，使交易最终达成。

勤奋努力，做好销售持久战的准备

和客户打交道是个磨人的差使，并非所有的客户都适合速战速决，作为销售员我们需要更多的耐心。所以，在迎接一个客户时，在和客户坐下来准备面对面地交谈时，都要时时提醒自己，不要急于求成，一定要做好打持久战的准备。

【实战案例】

一个皮箱推广员在过去的 18 个月里，对当地一家最大的百货商店的买主进行了 20 次的拜访，但每次都遭到了拒绝。在第 21 次拜访中，他与买主做成了一大笔生意。

有人说：成交 = 多次拒绝 + 最后一次努力。如果面对客户的一次拒绝就退缩，或无计可施，那么只能失去这个客户了。如果你不是采用强硬的态度推销你的产品或服务，那么即使遭到客户的拒绝，也应友好道别。经过一段时间，你自然还要去拜访他，因为经过这段时间，也许顾客已改变了自己的决定。

许多销售员在工作中，都趋向于尽快地把产品和服务推广出去，这不能说不务实，但也不能不说是一种急功近利的做法。高情商的销售员都明白，想通过一面沟通，或者几句道歉就可以推销产品，解决客户的问题，在很多时候是不可能的。

【实战点拨】

销售是一份经常要“无事找事”的工作，即把不可能的客户变成可能的客户，把可能的客户变成真正的客户，把每一个新的客户变成长期的客户。销售员要不断地去寻找客户，开展客户服务活动，不断与客户进行联系，为客户解决各种各样的问题，处理在业务往来中可能出现的各种问题，维持与客户的良好关系，这一切缺乏勤奋努力很难会做得成功。作为高情商销售员一定要做到以下五勤：

1. 嘴勤——勤问勤说

勤问就是尽可能多地搜集信息，掌握项目进展情况，得到别人的意见和建议。勤说就是要随时随地在适当的场合宣传你的公司和你的产品。销售员应付的是整个社会，是不断变化的各类人和事。知识经济时代，知识改变命运，因而必须具备多方面的知识和经验。因此了解国家、当地政府颁布的各种有关产品政策、规定，具有一般社会学、心理学、行为科学、消费心理学等的基本常识，附之于自己的专业知识，是销售员自信的基础，也是销售成功的保证。

2. 腿勤——勤串勤跑

生意是跑出来的。要勤于访问你的客户、你的伙伴。你要和客户建立感情、交朋友，不勤跑是做不到的。

3. 手勤——勤读勤记

随时更新你的公司产品市场知识，随时记录整理你的信息，并且向有关人员提供信息。在拜访后面的顾客时，可以把前面成交过的客户的反映作为宣传资料，增加说服力。洽谈成交过程也是暴露问题、解决问题的过程，通过解决前面成交中的各种问题，能总结经验，为后面相对难一些的洽谈做准备。

4. 耳勤目勤——勤听勤看

如今的市场竞争在很大程度上是信息的竞争，在一个项目上，谁掌握的信息完全准确，谁的赢面就大。因此，需要随时掌握市场动向、客户动向、对手动向、产品动向。

5. 脑勤思勤——要勤于思考你的计划和策略

善于分析、总结、改善、提高，善于创造。要善于动用你所有的知识和思维对已经发生、正在发生的和将要发生的事情做认真的分析，分析不清是不轻易下结论的。在紧要时刻，“吾日三省吾身”恐怕是必要的。

确定目标，有“一定要”的决心

销售是一份挫折感很强的工作，所以销售员提高自己的情商显得尤为重要。在这个充满艰辛和困难的销售职场中，只有下定决心“一定要”的时候，销售员的行动才会有强大的驱动力，销售员才会想尽一切办法，运用一切可能的、合法的手段去达成自己的目标，而这正是成功销售所必需的。

【实战案例】

乔·吉拉德说：“所有人都应该相信：乔·吉拉德能做到的，你们也能做到，我并不比你们厉害多少。而我之所以能做到，只是因为投入了专注与执着。”

一般的销售员会说，那个人看起来不像一个买东西的人。但是，有谁能告诉我们，买东西的人长什么样呢？乔·吉拉德说，每次有人路过他的办公室，他内心都在吼叫："进来吧！我一定会让你买我的车。因为每一分每一秒的时间都是我的花费，我不会让你走的。"

35 岁以前，乔·吉拉德经历过许多失败。一次惨重失败以后，朋友都弃他而去，他变得一无所有。但乔·吉拉德说：没关系，笑到最后才算笑得最好。

他拜访了一家汽车经销商，要求做一份销售的工作，销售经理起初很不乐意。

乔·吉拉德说："听着！先生，假如你不雇用我，你将犯下一生最大的错误！我不要有暖气的房间，我只要一张桌子、一部电话，两个月内我将打破你最佳销售员的纪录，就这么约定。"结果在两个月内，他真正做到了，他打破了那里所有销售员的业绩。

有人问他，究竟是怎样做到这一切的，他是否有什么销售秘诀，吉拉德只是笑笑说："哪有什么秘诀，我只是相信我一定能做到。"

当你真正下定决心"一定要"把商品销售出去的时候，一切困难都会变得容易和简单。"想要"跟"一定要"是不一样的，"想要"是没有用的，当你"一定要"的时候，才有成功的可能。

【实战点拨】

高情商的销售员都知道信念对成功的重要意义，可以说成功的力量就来自决心和信心。一些销售员在出门之前向自己保证：今天我想要签 5 份订单。但他们往往是空着手回来了，为什么呢？就因为他们成功的欲望不够强烈，如果能试试将"想要"换成"一定要"，那么他们的销售一定会更成功。

如果空有一个好的想法，却没有明确具体的目标，没有实实在在的行动和努力，那么，所谓的雄心壮志、信心百倍，都终究会灰飞烟灭，归于无形。因此，制定切实可行的目标，下定决心，积极行动，才有机会将自己的理想变为现实。

下定了决心，就要立即树立一个目标。没有目标，即使下再大的决心也是徒劳的，是永远不可能到达胜利的彼岸的。要想成功，必须要有明确的目标。下面告诉你高情商销售员明确有效目标的五原则。

1. 明确性

所谓明确就是要用具体的语言清楚地说明要达成的行为标准。目标必须是明确的、具体的。它跟理想和愿望不同，必须是可产生行为导向的。

2. 可衡量性

可衡量是指目标必须用指标量化表达。任何目标都必须是实际的、可衡量的目标，不能只是停留在思想上的口号或空话。制定目标是为了进步，不去衡量你就无法知道自己是否取得了进步。所以，你必须把抽象的、无法实施的、不可衡量的愿望具体化为实际的、可衡量的目标。营销人员在设定自己的目标时，如果只是与顾客处理好关系，这是远远不够的。应该与多少顾客建立好关系呢？这些顾客中有多少是新顾客，多少是老顾客？怎样才算处理好了关系？显然，没有明确衡量标准的目标是没有实际指导意义的。

3. 吸引力

一个有效的目标，除了要明确和能够衡量之外，还应当具有一定的挑战性，这样，在实现目标的过程中，才会有吸引力；而目标本身，也才能真正起到引人向上、不断奋斗的激励作用。

4. 现实性

目标的现实性是指在现实的条件下要可行、可操作。销售目标应该与现实销售工作紧密结合，在设定目标时要对现实情况仔细分析，找出有利的条件和不利的因素，扬长补短，使目标在现实的能力范围内能够得以实现。不能实现的目标，不是有效的目标，因为它终究会落空。

5. 时限性

目标的时限性，指的是设立目标时必须同时限定目标实现的时间，没有时间限制的目标就没有办法考核，没有时限的目标很容易被拖延，甚至最后不了了之。在制定目标时一定要有一个明确的时间限制。

做决定后，行动是实现梦想的唯一

高情商的销售员在制定目标之后，会立即行动起来。每位销售员都希望自己能成为最优秀的销售员，为了实现这个目标，他们制订了周密的计划，研究了很多销售的技巧，可到最后仍旧是一个平庸的销售员。因为他们总是想得太多，做得太少，如果能行动起来，那么或许他们也可以成功。

【实战案例】

克莱恩是个保险销售员，他非常喜欢打猎和钓鱼，但这些爱好太花时间，对一个忙碌的销售员来说有点奢侈。有一天，当他好不容易挤出时间来匆匆钓了几条鱼后准备打道回府时突发奇想："在这荒山野岭里会不会也有居民需要保险？要是有的话不就可以工作的同时又能在户外逍遥了？"结果他发现果真有这种人：他们是铁路沿线的铁路工作人员、住户和淘金者。克莱恩当天就开始了积极行动。

克莱恩沿着铁路走了好几趟，那里的人都叫他"走路的克莱恩"，他成为那里与世隔绝的家庭中最受欢迎的人，不但如此，他自己也是在这段时间才学会了烹饪手艺，这使他变成了最受欢迎的贵客。而与此同时，他也能够徜徉于山野之间，打猎、钓鱼，像他自己所希望的那样生活。

在保险业里，对于一年卖出 100 万美元以上的人设有光荣的特别头衔，叫作"百万圆桌"。把突发的一念付诸实践以后，克莱恩一年之内就做成了超过百万美元的生意，因而赢得了"圆桌"上的一席地位。

要想像克莱恩一样成为一名出色的销售员，整天在办公室中想着要如何开拓客户、如何说服他们、如何成交是没有用的，这无异于白日做梦。要想成功，必须采取行动，克莱恩成功的关键在于行动，只有认真行动才能够分出英雄和懦夫、销售高手和业绩拙劣者以及成功者和失败者。

【实战点拨】

无数事实证明，能够认真行动的人，大部分都取得了卓越的成就。但是那些只会空想而没有认真行动的人，往往错失良机，一生只能碌碌无为，空留余恨。

难道他们不知道成功的方法吗？其实，所有的销售员都知道怎样去做才能够取得好的业绩，怎样才能成为销售高手，但是还是有许多人由于不认真行动而业绩平平，甚至毫无业绩。因为几乎所有的销售员都会在开始销售时下定“我这次一定要……”的决心，但往往由于销售时遇到的各种困难和障碍而改变初衷，半途而废。

那么，怎样才能避免这种情形出现呢？只有靠自己的意志力。一般情商高的人都有较强的意志力。

如果你的意志薄弱，便会被困难征服，从而导致你不能采取行动认真去面对困难，战胜困难。被淘汰出事业战场的人们，大部分都是因为没有认真行动而被困难吓倒的。

销售大师乔·吉拉德创造了销售 13001 辆汽车，平均每年卖出 869 辆汽车的奇迹，虽然他从事销售工作时一无所知，既不懂销售技巧，也不熟悉商品知识，就连填写销售文件这样简单的事情都不会，但是，一天结束后，他竟能成功地卖出一部高档汽车。

所以，要想成为高情商的销售员，千万不要做思想上的巨人，行动中的矮子，不要沉醉于幻觉之中，欺骗自己、蒙蔽自己。

一百次梦想计划，也抵不上一次行动，如果你希望成为一名出色的高情商销售员，那就行动吧！实际上，销售重要的不是有多少人拒绝你，而是有多少人接受你。很多人之所以不成功，是因为他们遭受的拒绝不够多，失败的次数不够多，当然成功的概率也不是很大。情商高的销售员，都是在不断的行动中积累了大量的人脉，经年累月地耕耘才获得成功的。

情商提升与实战

1. 情商拓展训练

道具：卡片、笔、积木。

人数：不限，5 人以上。

方法：将学员分成几个小组，每组 5 ～ 10 人，每组发给已搭成大楼的积木一堆。

规则：每组的成员，轮流抽去已搭成大楼的积木中的一块，看谁抽走积木中的一块后，大楼会倒塌。

目的：积木大楼随时可能会倒塌，所以每个人抽取积木的时候都要小心在意。这个游戏考验参加人的耐力、注意力。

2. 情商情境分析

某一天，一个女孩去大学宿舍推销一样小商品——新型的小按摩器，大学宿舍的人一般比较多，她非常细心地让学生们试用她的产品，但却并不多作介绍，只不过偶尔说："你们学习时眼睛累了，可以用这个按摩器，比做眼保健操效果好。""你们都是很有孝心的，买一个送给父母，下班后也可以轻松一下。"或者很亲近地说："我也是刚毕业的，可以算作你们的大姐姐。"看到床头上的布娃娃，说："我也有这么一个布娃娃，真可爱。"从头到尾，她只是耐心地夸奖宿舍的每个人，没有极力鼓吹大家去买她的东西。然而，到了后来，几乎每个人都买了她的东西。

问题：这个女孩有哪些高情商的表现？

3. 情商实战思考

假设你是某公司的一名客户经理，刚被派驻到一个新的地区去开发客户，在陌生的情况下，你如何去开发市场？

参考答案

情商情境分析：这个女孩做事稳重，沉得住气。沉得住气是销售员的一项重要的高情商表现。有时候，太过喋喋不休的诉说会把客户都给得罪完了，到头来反而一事无成。

情商实战思考：在一个陌生的环境，想打开局面，只有靠坚忍不拔的毅力和耐心。比如，人家去见一面的客户，你去见十面，人家可以花十分钟谈完的事情，你最好要谈一个小时，时间长了，自然会有业绩。

第四章 真心待客：用心服务赢得顾客的信任

销售员与客户接触时，客户都会怀有一种戒备的心理，因为他不了解你的真实动机和目的，出于安全的考虑，往往会将自己的真实情感隐藏起来，听你言，观你行，试图从中发现你的意图。客户不仅关心产品的价格、质量，他们更关心销售人员的人品。销售员如果表现得过于精明，甚至耍花招，这些低情商的表现会给客户带来不安全感。

亲和力多一分，与顾客的距离就近十分

想成为高情商的销售员，不仅要充分掌握必要的专业知识，同时还要积极培养自己的亲和力。也就是说，要做到不仅仅是为了工作而和客户打交道，而且对客户的关爱应该是发自内心的，把客户当成自己的朋友甚至亲人。如果能让客户领悟到你对他的这种感情，由此带来的影响要远远大于口若悬河似的介绍。

【实战案例】

一天，郭先生在三联家电网上商场订购了一部西门子6618手机，并要求尽快送货。当POS商务人员接到订单时，商品已售完，这是常见的情况，更何况是在手机的销售旺季呢。服务人员及时把情况通报给顾客，并热心地为其推荐了其他商品。但非常喜爱那款手机的郭先生还是非常惋惜地取消了订单。

两天后，服务人员在处理订单时发现这一款手机又进货了，于是便迅速查询到郭先生的信息，拨通了他的手机："郭先生，您好。我们是三联家电网上商城，2月13日您订购的西门子手机因无货而取消，我记得您很喜欢这款手机具有的英汉词典功能，现在这款手机已到货，不知您是否还需要？"那边很快传来顾客激动的声音："太感谢了，需要需要。我现在外地，手机是送给朋友的，让他去取吧？"

服务人员说："好的，那请把您朋友的地址和姓名告诉我们吧！这样我们就可以把货送到您朋友的家里了。"郭先生又对服务人员说："不好意思，我还有个请求，送货人员把货送到我朋友家时能不能代我说一声'生日快乐'？这是我送给朋友的生日礼物。"服务人员说道："当然可以，我们一定代您把祝福带到。"

小件送货工张师傅接到任务后，很小心地将商品包好，冒雨将商品送到顾客家，并转达了郭先生对朋友的祝福。几天后，相关服务人员接到了郭先生的感谢电话。

现在，那份订单已成为许多“交易成功”的订单中的一部分。但服务人员深深地知道，正是每一个凝结着服务人员热忱的“交易成功”订单，给网上商店赢来了每月几千单的营业额。

【实战点拨】

高情商的销售员都具有较强的亲和力。一些营销专家曾经提出“亲和力是一种感情量度，一个人的亲和力能够体现出使人愿意亲近的程度”。销售工作是需要经常和人打交道的一个行业，如果销售员在和顾客介绍产品时能够体现出更强的亲和力，能够让顾客觉得容易亲近、富有同情心，那你就更容易赢得客户的心，从而能促成这笔买卖。

一个人最大的亲和力是赞许他人以及拥有慈悲宽仁的心。真正的美不在于其外表、财富、权势等，真正能赢得众人欢迎的是美的心灵。

提高亲和力要在“和”字上下工夫。和者，温和，谦和，和蔼。亲和力，少不了一个“真”字，缺不了一个“温”字，落不下一个“谦”字。提高亲和力要以人为本。亲和力的核心就是一个“人”字，就是与人为善、相互尊重、相互促进、齐心协力。

下面要告诉你的是提高亲和力的秘诀。

（1）换位思考，经常从别人的角度去考虑问题，积极地帮助人。

（2）真诚相待，微笑，微笑能使人更喜欢你。

（3）有幽默感，像朋友一样去交往，心胸宽广，乐于助人，不计较小事。

（4）对自己严格，对别人宽容。

（5）诚信，微笑，大度，幽默，乐观，大方。

（6）合体的装束，亲切的语言，注重礼仪。

亲和力是销售员和顾客之间很好的桥梁，从中起着很重要的作用。有人很容易亲近，但有的人要想做到这点却很难。亲和力并不是天生的，而是通过平时的努力训练获得的。做到真正的急客户所急，想客户所想，要把客户当成自己的家人一样。否则，就很容易给客户留下不好的印象。

坦诚相待，开启销售的大门

高情商的销售员都会把顾客当成朋友一样，不断地与之交流感情、沟通心灵，时刻掌握对方的渴望和需求。当得知他有需求的信息时，要不失时机地抓住他们的心理，向他们介绍适合的最新产品，销售员必须表现出坦诚的心胸，拿出对朋友和家人的那种真诚来。

【实战案例】

一天，东京奥达克余商场的售货员面带微笑地接待了一位美国女顾客，她是来买电唱机的。随后售货员给她拿了一台未启封的索尼牌电唱机，后来售货员清理商品的时候感觉不对劲，原来她卖给那位美国女顾客的是一个空心电唱机货样。于是，她立即向公司的有关负责人报告了这件事，经理接到报告后，觉得事关顾客利益和公司信誉，非同小可，马上召集有关人员研究。公司也在四处寻找那位女顾客，但是依然不见踪影。

当时关于那位女顾客的信息，只知道她是一位美国记者，名叫基泰丝，还有就是她留下的那张“美国快递公司”的名片。根据以上仅有的信息，奥达克余公司公关部连夜开始类似于大海捞针的寻找。首先打电话向东京各大旅馆查询，在毫无结果的情况下又打国际长途，最后查出基泰丝父母在美国的电话号码。紧接着又打国际长途，最后找到了基泰丝的父母，得知基泰丝在东京的住址和电话号码，几个人忙了一夜，一共打了 35 个紧急电话。

第二天一早，基泰丝接到了奥达克余公司的道歉电话。过了一段时间后，奥达克余公司的副经理和公关人员，急忙赶到了基泰丝的住处。两人进入大厅，见到基泰丝就深深地鞠躬说：“由于售货员的疏忽给您带来的不便我代表公司对您表示深深的歉意。为了补偿您的损失，我们带来了一台新的合格的索尼电唱机，另外加送著名唱片一张、蛋糕一盒和毛巾一套。”接着副经理向她介绍了如何通宵达旦地查询她的住址及电话号码，以及向她说明这一失误的全部过程。

基泰丝很是感动，她坦率地说这台电唱机是准备送给东京外婆的见面礼。但是买回打开试用后发现，唱机没有装机心，根本不能用。当时，她很是生气，觉得自己上当受骗了，立刻写了一篇名为《笑脸背后的真面目》的批评稿，准备第二天到奥达克余公司兴师问罪。但使她意想不到的是，为了一台唱机，奥达克余公司为了纠正失误，花费了这么多的精力，来挽回对于顾客造成的损失，这使得基泰丝备受感动。她把批评稿撕毁，用《35 次紧急电话》的特写稿取而代之。

《35 次紧急电话》这篇文章发表后，奥达克余公司一心为顾客的故事引起了广大顾客的强烈反响，从此声名远扬。后来，奥达克余公司的这个故事被美国公共关系协会推荐为世界性公共关系的典范案例。而基泰丝也成了奥达克余百货公司的忠实顾客。

真诚对待顾客，表现在每一个细微之处，这是高情商销售的核心理念。从上例中我们不难看出，认真对待每一位顾客，真正做到想他人之所想，急他人之所急，把顾客当作自己的家人，在很大程度上是会赢得顾客的谅解和回报的。用这种精神去对待你的每一位顾客，新顾客就会自动加入到老客户的行列中来。

【实战点拨】

“待人以诚”这一古老的处世格言，是高情商销售员所必备的职业素养。有些人从来不顾及客户的利益，用蒙骗和不负责任的做法对待客户，无异于杀鸡取卵，将难以维系长久的客户关系。真诚，就像催化剂一样，它能让人赏心悦目，同时它也像太阳一样，能使一个人的前程充满希望的阳光。

高情商销售员是如何让客户觉得自己是真诚的呢?

（1）我们在与客户交流时要学会多问征求性的话语，如：“好吗?”“您看行吗?”“您觉得呢?”这类语气，会让客户觉得你是一个非常有礼貌的人，这样他们才会愿意与你交往，乐意合作。

（2）要始终以“把微笑融入服务，把满意留给客户”为工作标准。常常提醒自己“善待别人，便是善待自己”。要求自己热心、耐心、细心地对待每一位顾客，以务实求真的态度对待工作，以自然、豁达、宽容的心境对待平凡的工作，以客户为中心，认真做好每一个动作，工作的各个环节都以统一、详细、明确的标准来要求自己，做到接待顾客有礼、有节、有度，处理业务规范、快速、准确，每天都以饱满的热情，精湛的服务技能，完善的服务质量为客户提供优质、高效的服务。

（3）我们一定要用心为客户解决问题。什么是优质服务？优质的服务并非是卑躬屈膝，而是以细心、耐心、热心为基础，以客户为中心，时刻让客户感受到优越感和被尊重。以客户为中心，是经过激烈竞争洗礼后的理性选择，更是追求与客户共生共赢境界的现实要求。

顾客至上，回头客会更多

想要成为一名高情商的销售员，要清楚地明白一点：无论任何时候对于销售员来说，顾客都是上帝。要想得到顾客的认同，博得顾客的一笑，首先就要把顾客当成上帝一样伺候。因而就要弄清楚“上帝”的想法，让他们感觉自己被重视。

【实战案例】

销售员王俊和李能两人先后到赵经理那里去推销自己公司的产品。王俊先去的，他一看到赵经理就开始迫不及待地介绍自己的产品是如何如何的好，该怎样恰当地使用，如果不购买的话就是赵经理的损失。这样的话不但没有引起赵经理的兴趣，反而引起赵经理的不满，于是他毫不客气地将王俊轰出门外。

等李能又来时，赵经理知道他们推销的是同一种产品，本来没有见他的打算，但是又想听听他的说法，于是就请李能来到他的办公室。和王俊不同的是，李能进来后并没有立刻介绍自己的产品，而是感谢赵经理在百忙之中会见自己，接着还说了一些赞美和恭维的话，最后简单地介绍了自己的产品。但是赵经理自始至终的表情都是非常的冷淡，这让李能觉得这笔生意没有希望了，心中难免有点失落。尽管如此，他还是很客气地对赵经理说："虽然这笔生意没有成功，但还是非常感谢您愿意给出这宝贵的时间，可惜我的能力太差没有办法说服您。不过在告辞之前，还是希望您能够指出我的不足，以便给我一个改正的机会好吗？谢谢您了！"

这时，赵经理微笑着站起来拍拍李能的肩膀说："哈哈，不要着急走，看你的态度是如此的诚恳，我已经决定要买你的产品了。"

为什么两人介绍同样的产品，但是结果却截然不同？这就是一个满足客户心理需求的问题。王俊只顾着介绍自己的产品，忽略了对客户最起码的尊重。虽然面对着赵经理的冷淡，但李能依然很有礼貌，走之前还不忘向客户请求指教，这让赵经理感受到了足够的重视，从心里对李能表示认同，自然而然地达成了这笔交易。

【实战点拨】

希望受到别人的重视，是每一个有行为能力的人的普遍心理需求。每个人都渴望自己靓丽而又有光彩，成为众人瞩目的焦点，这就是心理学中的焦点效应，即把自己当作一切的中心，希望自己成为外界关注的焦点。销售员所面对的所有顾客也都有这样的需求，那么高情商销售员是如何让顾客感觉自己像上帝的呢？

1. 关注

你要尽量表现出你的关注，这有利于拉近彼此的距离。如此利用焦点效应你就能很快打破对方的心理防线，了解对方的意图，那么产品成交的可能性就会大大提高。

2. 倾听

不要急于反驳客户的观点，即使客户的观点是错误的，也要等到他（她）讲完了以后再解释。而且不要在客户提出意见的时候急于分辩。

3. 诚实

如果真有问题发生，那么首先勇于承认自己的错误，然后询问客户他

（她）比较满意的解决方法或者提出自己的解决意见，不要为了避免承担责任而把所有的问题都推给别人或第三方，甚至是莫须有的不可抗力。记住一点，客户也是人，也有脑子，也会分析问题的。

4. 微笑

笑而不僵，只有真诚的微笑才不做作。真诚的微笑是高情商的表现，也是开启销售之门的金钥匙。

表示谢意，与顾客架起和谐的桥梁

顾客是你的衣食父母，这一点不容置疑，所以，在服务完成之后对顾客表示感谢，是高情商销售员都会做的一件事。也许，顾客并不期待回馈或报答，但并不表示你就可以因此而忽略对方。

【实战案例】

某天，一位女顾客在北京一家大商场里看到了一件漂亮的夏装。这是一件丝织混纺品，样式时尚，在夜晚的商场橱窗里，更显得熠熠生辉。

营业员热情地接待了她，殷勤地介绍说："这种服装刚刚上市，本店进了20件，您是第一位顾客。"说着从货架上拿下一件交给顾客。那位女士到更衣室里试穿了一下，感到满意，当场付出了3700元的不菲价钱，满意地回家了。

可是她穿了几天，发现这件服装样样都好，就是有一种紧紧裹在身上的感觉，浑身不舒服，柔软的衣服粘到皮肤上，表面就会起皱影响美观。既然这件衣服不合适，她又到商场去再买一件别的衣服。路过那家商店时，她就向营业员提意见。那位营业员居然还认得她。听了她的意见后，当即表示抱歉，并将货款如数退还给她。当晚她回到家里，接到了商店的电话，来电话的还是那个态度热情的服务员。他向顾客说明用80%的丝和20%的聚酯织成的衣料不适合做夏装，厂家已彻底纠正过来，并再次向她表示歉意，感谢她的意见，让他们早点意识到了自己的缺点，没有造成客户进一步的损失。这位提意见还受到了商场感谢的顾客回去之后，将这件事传播出去，不少顾客都来到这家商店，选购各种服装，这家商店一如既往，对售出的服装包退包换，形成了良性循环，生意越做越兴旺。

高情商销售员在顾客提出反馈意见后，都会表示感谢。表示感谢的原因有二：第一，他们告诉你一些信息，不管信息是好还是不好，但是这些信息你从其他的顾客身上无法得到；第二，他们及时地指出了你的错误，给你改正的机会。而这两点对销售都是有百利而无一害的。

【实战点拨】

在最后关头的致谢，不仅能巩固销售的成果，完善销售员与顾客间的关系，还能够让顾客和销售员之间，搭建起一座和谐的桥梁。无论最终沟通的结果如何，甚至是没有成交，或者客户表示无意于此类合作，高情商销售员都会在告别时营造出一种皆大欢喜的气氛。如果让你的客户气冲冲地离开了，那么可以肯定，他是再也不可能在你眼前出现了，那无疑是给自己断了有可能开发新客户的路。所以不管什么时候都要向顾客表示感谢。

1. 交易成功

如果最终实现了成交，销售员应该对顾客表示恭喜和感谢，让顾客既感到自己的钱花得值，又要使其充分感受到你的真诚和友好，而不要让顾客产生后悔上当的心理，更不要让他们感到你是在卸磨杀驴，利用完了之后就一脚踢开了。

2. 交易暂缓

如果最后沟通的结果是暂缓成交，那销售员更应该用良好的表现给顾客留下深刻印象，让顾客觉得你还是可以信任的，为以后的继续合作奠定坚实的基础。

3. 交易失败

顾客表示根本就无意于与你进行合作，销售员也要注意告别时的礼貌和技巧，不要就此对顾客表示不满，而要恰当地留下一点引子，让顾客感到你对他还是很期待的。说不定在某一天，顾客就会主动地拨打你的电话了。销售员可以这样与没有合作意向的顾客告别："谢谢您在百忙之中抽时间接待了我，这是我们公司的资料，您可以在没事的时候翻一翻，如果有朋友需要，麻烦您把我的联系电话告诉他们。请您留步，再次感谢您……"

低情商销售员往往不愿致谢或很少表示谢意，他们就很难赢得顾客的尊重、好感和支持。其实，致谢不只是眼前一声简单的道谢，它更是建立长期关系的一项前提条件，是个人交流和合作中的核心元素之一。

记住顾客的名字，顾客也会记住你

高情商的销售员善于记住顾客的名字，用心去做就能记住。顾客都有这样的心理：希望被重视，希望自己是独特的，在消费中能享受到特殊的服务。如果销售员能在见面时准确无误地叫出顾客的名字，对方就会在交谈场景中感受到自己的重要性，虚荣心会促使他想要延长这种感觉，从而耐心参与交谈，这样对销售员来说无疑是获得了更大的成交概率；同时，记住客户的名字也能拉近彼此关系，方便与客户尽快打破陌生的屏障，顺利地建立联系。

【实战案例】

李彤是某酒店的常客，一次和朋友旅行一起订了这家酒店，二人刚到前台，前台的接待人员就热情地冲李彤打招呼："李彤女士您好，欢迎再次入住我们酒店。"李彤听了十分高兴，感觉自己被重视了，而且是在自己的朋友面前，虚荣心得到极大的满足，笑着做了回应，又介绍自己的朋友："我朋友李菲，这次来旅行，大概住三天。"接待员转而招呼李菲："您好，李菲女士。"后来两人登记完毕，领过房卡上楼。电梯里，李菲不禁问自己的朋友："你是 VIP 贵宾吗？这里的人都记得你的名字。"李彤心里得意，面上却轻松地说："没有啦，只是每次来这边都会住这一家，服务很好嘛。"李菲点点头，心想自己以后也要来这家。

三天后，两人退房的时候，酒店的工作人员已经能准确地叫出李菲的名字，这使她更加确定自己以后订酒店的选择对象。

美国著名心理学家亚伯拉罕·马斯洛曾提出过需求层次理论，其中就包括被尊重的需求，他认为人都希望得到他人的认可和高度评价，以满足自己的自尊心理，而自己的名字被知晓并记住就体现了他人对自己的承认和尊重。上文中的案例从顾客的角度出发，让我们看清了顾客的心理活动：首先，顾客因为自己被记住而感到骄傲和满足，觉得自己是"贵客"，受到了优待；其次，与酒店工作人员的互动让李彤有了归属感，从而更加信任这家酒店；最后，作为旁观者，李菲羡慕起了朋友得到的服务，便对酒店心生好感，酒店不仅维持住了一个长期的顾客，也在不知不觉中为自己赢得了新客源。

【实战点拨】

高情商销售员会对自己的客户有一个清晰的认知，从不只把客户当作"摇钱树"，一心想从他们身上攫取利益，而忽略关照。其实道理很简单，谁都不是傻子，你连别人的名字都说不上来，别人如何与你交心？连起码的尊重都没有，又如何期待对方回馈你利益？

那么高情商销售员是如何记住顾客的名字并随时能叫出来的呢？

1. 交谈中认真倾听对方话语

销售员在与客户交流中不能只一味地向对方灌输，还要学会倾听，沟通是双向的，只有有来有往地聊，才能获得更多信息。从客户的谈吐中，我们不仅能获得他的姓名等相关资料，还能加深对这个人的印象，帮助我们记忆。生硬地记忆一个名字，就好比死记硬背一个单词，不经常使用的话早晚会遗忘，而如果将一个人的生动形象留在脑海中，记忆会相对保存得长久一些，等到再见面的时候，对方的一举一动就会唤醒你对他的认识，这样你不仅能叫出对方的姓名，还会对这个人有基本的了解，而建立在一定了解基础上的沟通就会变得更有效率。

2. 建立属于自己的"客户信息库"

数字化的时代，任何服务业都会有自己的"客户信息库"，调出信息只需短短的几秒，毕竟人的记忆终归还是有限，还是得依赖一定的工具才更有保证。而高情商销售员往往都会利用身边的工具建立自己的信息库。这并不复杂，可以是手写的记录在本子上，也可以使用手机等电子设备备份，如果客户量庞大，还可以利用移动硬盘长期储存。建立信息库需要耐心，资料越详细越好，但也要注意保密，不要随意泄露客户信息，透支客户的信任。保密工作是职业道德要求，也是对客户的尊重。

3. 锻炼自己的识人能力

社交场合是最考验人的识人能力的，有时候你多记住了一个人就相当于多了一笔生意、一件成交。本来不认识的人因为你的有心接触，瞬间成为潜在客户，这都是很普遍的，需要的就是你“慧眼识人”。高情商销售员都会有意培养自己这方面的能力，从记住对方的名字开始，再到对方的年龄、职业、爱好……一个高情商的销售员，可以在茫茫人海中一眼找到自己的目标客户，在面对面的那一刻用最快的速度调动起大脑中对他的所有认知，再根据这些认知抛出针对性的话题——这需要长期从业经验的积累和专业技能的磨练，任何行业想要做好都没有捷径，勤奋和努力是永远都不会落伍的成功途径。

赢得顾客的信赖，和顾客建立长期联系

很多销售员已经意识到，拥有忠实的顾客群体远比人们想象的要难得多。高情商销售员遵循一个准则：要想获得顾客忠诚，首先要赢得顾客的信赖。为了建立和增强顾客对销售员的信赖感，销售员必须及时而深入地挖掘顾客的真实需求。想要真正了解顾客的真实需求并不难，关键是销售员要做到以诚相待，同时要采取科学的方法对顾客需求进行准确的预测和充分的理解，从而提出切实可行的解决问题的方案。

【实战案例】

一家电器老板接到了一个空调安装任务。电器老板去安装时发现顾客家在二楼，但安装室外机的房子窗户是旧式连体防盗窗，根本打不开。之前顾客也咨询过一些其他公司的装空调师傅，他们说：如果要安装，就必须把窗户换掉。

电器老板面对这样的难题没有一走了之或一拆了之，而是从顾客利益的角度出发，再三研究安装方法：一个人先依靠梯子站到一定高度，再由另一个人利用安全带把他拉升至安装位置，悬空作业安装室外机支架，最后加长管线接到要装空调室内机的房间。虽然这样安装有一定的危险，而且需要更长时间的工作，但电器老板还是耐心地从下午一点半一直工作到晚上七点，终于在没有拆窗子的情况下将空调安装到位，并将空调调试好。

面对这样的电器老板，顾客信服了，还专门送来一面锦旗表扬致谢。“这样的安装费时、费力，以前没人肯来做，电器老板做到了，而且做得很好！”顾客不停地夸——这就是苏宁的服务。

如果你是顾客，装个空调还得换个窗户，又费钱又麻烦，你的心里会舒服吗？在这次服务过程中，电器老板能够站在顾客的角度倾力为顾客解决问题，让顾客享受到最大化的独特价值，赢得顾客的信赖自在情理之中。因此，这位电器老板真心实意地为顾客着想，获得顾客信赖也就是顺理成章的事了。

【实战点拨】

一些低情商销售员在处理顾客关系的过程中没有真正将工作做到实处，这时，无论销售员多么标榜自己的真诚，最后都将无法得到顾客的充分信赖。最终，销售员只能被顾客所抛弃。如何才能成为赢得顾客信赖的高情商销售员呢？

1. 了解并满足顾客的需求

销售员要学会从各种途径了解顾客的需求，比如事先调查、真诚询问、后期回访等途径。一旦发现顾客有需求，就要想办法在最短时间内进行有效反应。所谓有效反应，就是针对顾客需求采取行动使顾客感到满意。这里所说的顾客需求不仅包括顾客在购买过程当中表现出来的需求，还包括交易完成后顾客遇到的某些问题。通常，及时解决交易完成后顾客遇到的问题，更有助于顾客忠诚度的提高。

2. 表示真正的关心

如果销售员只是表面上对顾客需求表示关心，却不采取任何实际行动对顾客表现出来的需求和遇到的疑难问题加以解决，就不可能赢得顾客的信赖和忠诚。

3. 与顾客建立亲密的合作关心

如果一个销售员没有一定的忠诚顾客予以支持，那他（她）的销售事业很快就会陷入僵局。一位营销学专家曾经说过："顾客会轻易离开一个不太熟悉的卖家，但不会轻易抛弃一个亲密的合作伙伴。"对于那些能够赢得顾客持久忠诚的销售员来说，顾客与他们的关系就是亲密的合作伙伴关系。

4. 珍惜每一次与顾客交流的机会

销售员不仅在第一次与顾客沟通时就要注意赢得顾客的信赖，而且必须要贯穿于每一次沟通过程当中，尽可能地使这种过程保持连续。如果销售员只是偶尔想起建立顾客对自己的信任，那顾客就很难在内心形成对你的信赖感。要想赢得顾客信赖，销售员就必须全心全意地付出，真正热忱地关注顾客需求，为他们合理需求的实现付出实际行动。如果不在每一次沟通过程中用真诚的行动感染顾客，那么赢得顾客的信赖就永远是一种空想。

作为销售员，你赢得的顾客信赖越充分、越坚定，顾客对你的忠诚就越持久、越稳定，而你由此节约的服务成本就越多，如开发新顾客的成本、商品宣传的成本等。当然，最终指向的结果是你从中获得的利益就越多。这不仅包括服务商品形成的实际利润，还包括稳定的顾客资源和无形的声誉资源等。

每次开口，话题都为客户私人定制

高情商销售员既懂得大众的消费心理，也能熟练地与不同性格的人周旋。高情商销售员会根据不同的时间、不同的地点、不同的人来调整最佳的推销模式。每个人都有他更喜欢的谈话方式，也都有他最反感的。同样的一套说话方式用在一个人身上十分有效，而在另一个人身上可能就会加速失败。因此，销售员在面对目标客户时，应当对其先有一个基本性格的判断，在有了一定了解后，就要针对对方的性格做出最合适的推销行为。

【实战案例】

王杰在一家保险公司工作了三年，终于从一个成交率很不稳定的行业新人成长了起来，话术越来越熟练，有了一定的经验积累，成交变得愈来愈顺利，对此他十分骄傲。这天，王杰又成功约到一个客户，对方指定在其办公室见面。王杰信心满满地提前十分钟就到了，并准时敲开了客户的办公室门。

"刘先生您好，我是 ×× 保险的小王，我们电话里聊过。"然后按照以往的套路先夸奖了一番他的办公室布置，聊了几句日常，想要找到一个好的切入点拉近跟他的关系。然而客户不冷不热，有一句没一句地搭着话，不论王杰往哪方面谈，好像都无法引起他的兴趣，十几分钟过去，谈话最终在对方一句"我还有事，改天再聊"中草草收场。

从客户那里回来的王杰感到十分受挫，不知道问题出在哪里。过了两天，王杰重新鼓起勇气给刘先生打电话，又担心对方对自己排斥，便准备好了一些问题，打算先从与对方搞好关系开始。结果在电话里王杰正说的热闹的时候，对方干净利落地回道："推销保险你就直说吧，有合适的险种我会考虑的。"王杰愣在电话的另一头，一时间不知道说什么好，只得尴尬地笑着开始介绍产品。

有些人喜欢简单直接，不喜欢陌生人跟自己套近乎，有时候他们并没有那么排斥推销的产品，但他们也没有那么想与销售员保持紧密的联系。有人自来熟，就有人会慢热，有人喜欢交朋友，就有人不爱社交。所以，销售中既要注意与准客户建立联系，又要保持一定距离，当然最重要的是要学会随机应变，根据客户不同的脾气性格，调整出一个最契合的说话方式，展开攻势，销售的效果会非常好。

【实战点拨】

很多高情商销售员都喜欢利用 FPA 性格色彩学来识别不同的人，从而选择不同的说话方式。FPA 性格色彩学将人的性格分为"红，蓝，黄，绿"四种，在销售领域有一定的实用价值。

1.“红色”性格

红色性格的人外向、热情、自信、乐观，自我评价很高，因此对赞美没有抵抗力，比较注重人际关系，相对感性，重感情。与红色性格的客户来往需要注意先培养其对你的好感，建立感情，在相处中要将主动权多放一些给他，让他尽情地表现自己，而你所要做的就是在一旁为他喝彩。与红色性格的客户交流时要保持热情的语气，将话题维持在对方的兴趣范围内，可以多畅想，多憧憬，多些正能量的话题，谈谈理想抱负之类的，更能吸引红色性格客户的注意力。在推销中一方面要用成功案例吸引对方，一方面要用情感打动对方，同时要保持较为密切的联络，以防其中途变卦。当然，在给对方更多话语主动权的同时，自己也要适当地控制话题的节奏，不要跑题太远，忘了实际的目的。

2.“蓝色”性格

蓝色性格的人独立、善思考、行事严谨，注重逻辑的缜密性，思维敏捷又精准，追求完美爱挑剔。蓝色性格的人稳重礼貌，讲究事实依据，因此，在与蓝色性格客户打交道的过程中，要认真仔细，实事求是，不要为了推销夸大产品的优点，你的那套广告性的说词欺骗不了蓝色性格的人，还不如坦诚相告，用真实的例子来证明自己，将分析优劣这种事交给蓝色性格客户自己去做就好了，他们并不会因为你的游说而失去自己的判断力。在与蓝色性格客户的交谈中，一定要注意逻辑和各种结论的合理性，不可头脑一热不负责任地做出保证，如果在他们有所质疑时，却给不出可靠的解释，就会使他们觉得你这个人不可靠，从而放弃成交。

3.“黄色”性格

黄色性格的人被称为最适合当领导的，因为他们作风强势，喜欢控制和支配，行动快速直接，讨厌拖泥带水，缺乏耐心，果断又好胜。黄色性格的人在与人相处时喜欢处在掌控的一方，所以与黄色性格的客户沟通时，要酌情示弱，满足对方的骄傲心理。并且，谈话一定要简洁利落，直奔主题，说明意图，通过专业数据和资料来使他们信服，无须打太多的“感情牌”，你的专业态度和干练的手法就会令他们刮目相看。

4.“绿色”性格

绿色性格的人比较温和友善，保守可靠，没有什么攻击性，但也缺少自主选择的能力，因而时常表现得优柔寡断。面对绿色性格的客户，要多些建议和引导，多些鼓励的话语来帮助他明确目标和购买成交的决心。同时，要对绿色性格的客户多些关心，比起讲解和说明，他们更需要支持和帮助，因而交谈时可以在轻松的氛围里牢牢掌握住话语权，对方会很依赖你的。

满足客户的期望值，赢得客户的满意度

作为客户都希望自己所提出的问题和要求能够被满足，这就是客户的期望值，也就是在不同环境下，客户总是期望得到应该得到的服务，并判断这样的服务是不是值得。在某种意义上，销售员和客户就是在这种期望值的平衡中进行互动，在社会这个大市场中上演着精彩的“剧目”，推动着销售服务工作的进步与发展。

【实战案例】

在美国华尔街有一家具有上百年经营历史的快餐饮食店。长期以来，这家店不仅推出的食品物美价廉而且他们也非常注重效率。因此，客户的用餐时间也大大降低了。这也刚好迎合了那些比较忙碌的白领人士的需求，所以使得店里的客人每天都络绎不绝。

但是好景不长，进入20世纪以来，这家店的生意已大不如从前了，即使多年来的老客户也不再光顾。为此，这家店的老板找到了一家管理咨询顾问公司，希望能够找出客户流失的原因。

咨询公司的人员通过对客户期望值的调查分析发现，随着经济的不断发展，顾客的生活水平日益完善，几乎都买了车。但是问题就在于此，由于这家店是老店，所以一直没有设立停车场，如果到这家店吃饭的话就必须把车停在别的收费停车场，十分麻烦。因此，在客户的期望值构成中，是否便于

停车是客户关注的一个核心问题。

老板找到事情的原因后决定在附近租一个地下停车场，并且找一个专门负责停车的人，这样一来顾客来吃饭只需要把车直接开到店门口，其他的交给停车服务人员就可以了，而且还是免费的。渐渐地，那些流失的老客户又回来了。

外在环境的不断变化会促使客户不断地更改对消费的心理预期，作为销售员想要在竞争中立于不败之地，就必须了解、掌握客户的期望值，并随时跟踪客户的期望值变化，只有这样才能更好地满足客户不断变化的期望，从而获得更多稳定的顾客。

【实战点拨】

高情商销售员都会通过与客户的不断交流来发现客户的期望值，在服务的过程中不断调整服务内容以赢得客户的满意度。对销售员而言，工作的主要目的就是用务实的服务让客户折服，客户因为满意而服气，并最终产生了信任感。这样的信任将促成客户的购买行为发生，并且产生良好的口碑效应，带来更多的客户群。

1. 通过调查获取客户期望值的有效信息

客户期望值问卷调查是了解客户期望值的通用方法，它能在较短的时间内提供最真实的客户期望。当然，前提是要保证调查问卷的科学性和调查结果的真实性。有些销售员认为，这项工作完全可以让公司的专门部门来做。而高情商销售员都明白一个道理：与客户面对面交流是最直接有效的了解客户期望值的途径。

2. 卖客户需要的产品

对于产品的价格、功能、质量进行心理预测，这似乎是每一个客户在选择商品时都会做的一件事。作为销售员，首先必须明确自己的产品是什么，只有明确了产品的属性和功能，才知道你的消费者在哪里，他们对你的产品的要求是什么，因而才能够根据消费者的需求把产品做得更好。

3. 降低客户的期望值

除了了解客户期望值以外，销售员还有一项任务就是依据客户的真实期望提供相关服务。如果客户在购买产品和接受服务的过程中感受到的服务低于他的预期，就会在现在或者过段时候选择别的销售服务人员来代替，这就是客户流失的原因。

很多销售员都会用一种有效管理客户期望值的方法——降低承诺，提高交付。比如：你的顾客希望什么事都要快。如果你知道需要 1 个小时完工，但别告诉你的顾客，你只能承诺 90 分钟完工，那么当你在近 1 个小时完成时（你对此已经心里有数），顾客会十分高兴，因为你这么快就完成了任务。

4. 不断改进销售服务

客户期望值并不是停滞不前的，而是随机而变的。因此，高情商销售员都会通过与客户深入的接触，把握这些随机因素，随时了解客户期望值的变化，从而有针对性地提供服务。

与顾客交友，会赢得顾客的支持

高情商销售员都会与顾客建立适当的私人情谊。情谊是彼此交换想法，并达成一致意见和感情日见深厚的一个重要标志，是实现成交目的的一项重要保障。情谊是一座桥梁，是一条捷径，无论面对的事情有多么难以化解，都不要把情谊抛置脑后。既然老客户频频惠顾你，你就更应该珍惜这份来之不易的情谊。

【实战案例】

几年前，杰克先生购买了一所大房子，房子虽说不错，可毕竟是一大笔钱，以至于付款后总有一种买贵了的感觉。就在全家搬进新居的两个星期之后，房产商打来电话说要来拜访。杰克先生不禁有些奇怪。早上，房产商来了，一进屋就祝贺杰克选择了一所好房子。之后他和杰克聊了起来，给杰克讲了许多当地的小典故，还带着杰克围着房子转了一圈，说明杰克的房子如何与众不同，并且告诉杰克附近有几个住户大有名气。这一番话让杰克疑虑顿消，豪情满怀。此时，这位房产商表现出的热情甚至超过卖房子的时候。

房产商的热情造访让杰克大受感动，一颗不安的心平静下来了。杰克确信自己买对了房子，很是开心。从此他们成了朋友，彼此间的关系远远超越了买卖关系。

房产商用了整整一个上午的时间来拜访杰克而没有利用这段时间去寻找新的客户，他这么做吃亏了吗？不！一周后，杰克的一位朋友对杰克房子旁边的一座房子产生了兴趣，杰克便介绍他去找那位房产商。杰克的朋友虽然没有买那座房子，却从那个房产商那里买了一处更好的房子。

高情商销售员都信奉一句话："将未成交的客户当成爱人，将已成交的客户当成家人。"的确如此。在和客户交易完之后千万不要忘记过一段时间对他们进行回访或问候，更深层次地和对方进行交流和沟通。这不仅可以让彼此成为很好的朋友，还能给你带来更大的收益，因为很多顾客对你的印象好，就可能会为你做免费的宣传或不断购买你的商品。

【实战点拨】

和客户仅仅是生意上的往来，而不能与客户建立良好的个人关系的销售员，很少能赢得客户的全力支持。要想成为高情商销售员，可以从以下几个方面来与客户建立良好的个人关系：

（1）与潜在客户建立关系。当你与客户交流时，需要仔细聆听他们所说的话，并提出与他们有关的问题，而不是只关注自己的产品。努力从交谈中获取客户的个人信息，并找出自己与他们拥有的共同爱好等信息。

（2）建立了最基本的客户关系后，不能懈怠，而应积极地与潜在客户保持较为频繁的联系，不应仅在需求时才想起来联系。每当你处在客户所在的城市时，提前预约一顿午饭，或是去办公室打声招呼都是令人暖心的做法。如果客户不在，留下一张名片、一个小礼物，表示你来过。

（3）在后期与客户接触过程中，不要只关注利益机会，过多地谈论业务或投资，客户会觉得你只是打听消息。谈到公事时，仔细聆听理解客户的需要，尽可能地提供客户需要的帮助和信息。在与客户会面之后，可以发一个短信表达谢意，为发展更好的客户关系打开大门。

（4）第一印象对于建立持久而有成效的客户关系也是非常关键的。在交谈中，控制情绪，不与客户发生冲突，擅用肢体语言表示自己已经积极用心地投入于这场对话中。在开玩笑和应对玩笑话时，要格外小心和敏感，以防说出不恰当的话。

（5）建立有效而成功的客户关系不是一朝一夕可以完成的，要耐得住性子。

“家丑”外扬，更能获得销售成功

任何商品都存在缺陷，这些缺陷对你的销售存在着诸多不利的因素，多数时候，它甚至是你销售失败的罪魁祸首。但是高情商销售员在销售一件有缺陷的产品时，往往会很好地利用这些不利因素，把失败转化为成功。

【实战案例】

房地产公司的拉姆，有一次承担了一项艰巨的推销工作。因为他要推销的那块土地紧邻一家面粉加工厂，机器马达的噪音使一般人难以接受。虽然这片土地接近车站，交通非常便利，但是在这里建造的20套房子售出的仍是寥寥无几。所以开发商想把这块地皮和房子一同售给一家大的企业，作为他们的职工住房。开发商多次和对方谈判，就是没有任何结果，只好找房产经纪人。拉姆就出任了这块土地的推销经纪人。

拉姆了解到购买土地的这家大型企业所要求的价格和条件与这些房子大体相同，而且这家企业的职工以前也在这附近居住过，那时面粉厂的噪音也是不绝于耳。于是拉姆去拜访这家企业的负责人，希望与他们进一步沟通。

“这块地段交通便利，比附近的土地价格和房屋价格都便宜了许多。当然，之所以便宜自有它的原因，就是因为它紧邻着一家面粉加工厂，噪音比较大。如果您能容忍噪音，那么它的交通地理条件，价格标准与您希望的非常相符，对你们单位职工上下班也方便，很适合您购买。”拉姆先生如实地对那块土地作了介绍。

不久，那位比较理性的负责人去了现场参观考察，结果非常满意，他对拉姆先生说：“上次，你特地提到噪音问题，我以为噪音一定很严重，我观察了一下发现噪音的强度对我们的工作来说不算什么，我们以前工作的地方整天重型卡车来来往往，络绎不绝，而这里的噪音一天只有几个小时，而且这种声音并不振动门窗，所以我很满意。你这个人真老实，要是换上别人或许会隐瞒这个缺点，在刚接触这里的开发商时，他就是故意避开噪音这一缺点，夸奖得这块土地完美得不能再完美！所以，我总觉得我们好像是被欺骗了似的。当那个开发商再找我的时候，我就一口拒绝了。你这么坦诚，反而使我产生了好感。”

拉姆顺利地做成了这笔看似非常难成的生意。

假如拉姆吹得天花乱坠，单一地强调房子的价格便宜，交通便利，和开发商以前所做的工作几乎没有区别，那么，那位理性的老板同样会回绝的。而拉姆相反，把它的缺点真实地指出，反倒博得了开发商的好感，也因此而做成了交易。

【实战点拨】

一个销售员要想保有良好的名声，就永远不能欺骗顾客，更不能让顾客指着你说：“产品并不像你告诉我的那样完美，你在欺骗我！”

销售员要有出色的表达能力，但并不代表他们要去夸大或扭曲事实，把丑的说成美的，把白的说成黑的。高情商销售员都会用事实说话。而大部分的销售员虽然没有欺骗顾客，但是他们一般都会刻意回避产品的缺点。其实，坦率地说出产品的缺点，既做到了事实说话，又达到了宣传产品的目的，有时候如果销售员能诚恳地说出自己产品的缺点，可能会收到意想不到的效果。因为适当地指出产品的不足，会使你及你的商品更具有魅力，更能令理性的客户折服。

其实你把商品说得完美无缺，反而会引起理性顾客的疑问。有的时候，你也许会用你的文雅风度、社会地位和你的知识积累，去赢得他人对你的暂时信任。但问题存在着，一旦被对方看破，你的优势就会被一扫而光，交易就不用提了。低情商销售员总认为，竭尽所能地把自己的商品吹得天花乱坠，那才是本事。其实，理性顾客对这样的推销员极度地反感。相反，如果销售员能坦言商品的不足，往往更能赢得对方的好感和信任。

情商提升与实战

1. 情商拓展训练

道具：卡片，几个形状怪异的物品，如镊子、挂钩等。

人数：16 人。

方法：将参加游戏者分成 8 个小组，每组两人。其中一人扮演客户，一人扮演客户服务人员，两人就其物品进行交易。

规则：在交易过程中，客户服务人员应尽量迅速适应客户的要求。时间为 20 分钟。然后互换角色，进行练习。

目的：通过游戏，锻炼你迅速适应客户要求的技巧和能力，提高自己的销售情商。

2. 情商情境分析

在一家机械专卖店，一个客户在看销售员给他推荐的器材时直截了当地说："这个不好，我不感兴趣。"

问题：这时，如果你是销售员会如何应对？

3. 情商实战思考

假设你是某门市部的销售人员，如果你接待了好久的一个客户最终对你说："抱歉，我没有钱！"那么，你此时应该说什么？

参考答案

情商情境分析：如果客户说："我没兴趣。"那么服务人员就应该说："是，我完全理解，对一个谈不上相信或者手上没有什么资料的事情，您当然不可能立刻产生兴趣，有疑虑、有问题是十分合理自然的，让我为您解说一下吧，您看合适吗？"

情商实战思考：作为销售员，会经常遇到这样的情况，这时候销售员就要利用高情商来化解尴尬了。一般销售员可以回答说："我了解。这个世道，要什么有什么的人毕竟不多，但是这个东西，真的对您很合适，可不可以下星期三，或者周末去拜访您呢？"

第五章 认真负责：用态度赢得客户满意度

有些销售员外表表现得过于聪明、有灵气，这往往是低情商的表现，因为这会给客户以不稳定、缺乏安全感的感觉。而高情商销售员会尽可能表现得稳重，有时还显得有一些“傻”，因为顾客认为不太耍滑头的人更有责任心，他们心中认可的销售员应该是一个可以信赖、有责任感的人。高情商销售员都是认真负责、敢于担当的人。

早做准备，接待客户时胸有成竹

在准备与客户进行沟通的时候，销售员一定要做到知己知彼。高情商销售员从来不打无准备之仗，他们在和客户接触前，要仔细地考虑：客户和我的关系建立到何种地步了？客户最关注的是什么？我有说服客户的充分信心和理由吗？在瞬息万变的市场竞争中，哪怕一丁点儿对客户情况的疏忽，对销售工作来说都可能是致命的。因此，高情商销售员会随时向自己保证：客户的情况都在我的掌握中。

【实战案例】

在苏州有一家名叫蓝天的三星级大酒店，长期以来以优质的服务和完善健全的网络深得广大消费者的青睐。自从开业以来，几乎每一位入住蓝天酒店的客人都会成为其忠实的粉丝。那么这家酒店到底有什么特别之处呢？

原来，当一些客户准备来苏州之前，只需要打一个电话，说出自己的姓名，其他的手续酒店都会安排得妥妥当当。这样既方便又快捷，不仅如此，酒店有时还会为客人准备一些意想不到的惊喜。

对于那些入住蓝天酒店的熟客，在蓝天的营销部都会有一份比较详细的客户资料记录，上面清楚地记录着客户的国籍、地址、职业以及个人的喜好或者饮食的口味等等。对于一些入住频繁的客户，甚至他们喜欢摆什么样的花，看什么类型的报纸都有详细的记载。

蓝天大酒店的营销理念认为，顾客是酒店的客户，也是有七情六欲的人。酒店与客人之间不能仅仅只是一种商业交往的经营行为，更重要的是人与人之间的情感沟通，要真正做到宾至如归，必须对客人的嗜好、习惯、消费需求等特殊的个性化信息了如指掌，在此基础上提供的产品和服务就有明显的针对性，从而获得顾客的好感。

【实战点拨】

销售是连接企业与客户的桥梁和纽带，具体工作包括为客户提供信息、解答疑问、处理客户投诉和主动向客户传递相关信息、销售产品（服务）及随时进行信息统计和分析等。销售员的专业程度是直接影响到企业的服务水准和在公众心目中的形象，继而对企业的市场营销、推广产生重要影响的第一步。

在业务激烈竞争的环境中，高情商销售员始终把专注于顾客的需求作为自己的工作方向，尊重客户胜过一切。在接待客户前，高情商销售员都要做哪些准备工作呢?

1. 制定接待计划

接待的客户、接待的时间、接待要达到的目标等。期望销售人员在第一次接待客户时就能够获得订单是不太现实的，有很多优秀的销售人员，都把获取信息作为初次接待客户的目标。因此销售人员在初次接待客户时，要以收集客户信息为主要目标，当然能获得订单更好，但一定要了解到客户兴趣爱好、有关客户经营情况、客户需求等信息。

2. 作好接待的准备

销售人员在进行客户接待时通常需要携带一些辅助性的资料，如公司和产品的介绍资料、竞争对手的比较资料、公司成功运作的案例、促销计划、产品样品、视频资料、名片、礼品和一个简洁的自我介绍等。

3. 模拟接待场景，形成主场作战的心理

有些销售人员（特别是情商低的销售员）在接待新客户时总会感到莫名的紧张，从而在拜访过程中出现动作僵硬、呼吸加快、思维混乱等不良反应，这些都是因为人们对新环境的不适应造成的。而人们处在自己熟悉的环境或与熟悉的人交往就不会感到紧张，所以销售人员应经常或者在接待新客户前在自己的脑海中模拟一些拜访情景，对可能出现的场景、情况和客户最可能问到或最关注的问题以及自己比较关注或需要了解的问题进行模拟，建立多种模拟方案，这样去接待新客户时就能很好地克服紧张心理，形成主场作战的优越心理，长此以往还可以提高自己的销售情商。

了解顾客需求，与顾客产生共鸣

很多时候顾客很了解自己需要什么、不需要什么，但就是不愿意向销售人员坦诚。遇到这种情况，高情商销售员都明白：这是因为顾客有一定的顾虑，这时打破这些顾虑才是沟通的关键。了解客户拒绝承认自身需求背后隐藏的重重顾虑，是销售人员实现有效沟通、提高交易额的必经之路。

【实战案例】

苏宁电器是国内大型的家电销售商，其服务理念在同行业中是很有名的。苏宁服务之“至真至诚”靠的是持之以恒、始终如一地信守自己的服务理念与承诺，永无止境地追求客户满意。并且，苏宁电器也会在洞察客户的潜在需求后，尽量满足客户的需求。

有一年春节过后的某一天，在下午大概6点左右的时候，服务员面带微笑地在苏宁的电脑展台前迎来了两位中年顾客。在服务员细心的解说下他们决定购买一台电脑。但是当服务人员说电脑将会在明天送过去的时候，他们的脸上露出非常惊异的表情并且很难为情地说：“因为工作的原因，今天是特地请假来买电脑的，如果明天送的话可能没有时间收货，所以只有在今天送货他们才能购买。”服务人员了解了事情的原委，心想如果让客户就这样离开的话也就违背了苏宁服务“至真至诚”的宗旨，同时，服务人员也能理解客户的苦衷，最后答应了这一要求。

下班后，当客户看到苏宁按照他们的要求在两小时内送货，并且装配人员把电脑全部安装到位时甚是兴奋，后来他们又带了其他的客户到苏宁去买电脑。

通过这个案例可以看出及时洞察客户的潜在需求有多么重要了。如果客户很了解自己需要什么，但是出于种种原因，又不愿意向服务人员坦诚，这就说明他们有一定的顾虑。这时候就需要服务人员打消客户这些顾虑和他们进行有效的沟通，借此来提高交易额。

【实战点拨】

销售这项工作是需要经常和人打交道的，而在与顾客打交道的过程中，销售员的情商显得尤为重要。对于销售员来说要想把商品卖出去，就必须要了解客户的需求，最后交易才能成功。那么高情商销售员是如何了解顾客需求的呢?

1. 设计好开场白

一个好的开场白应当表示出：顾客如果买了我们的产品将获得哪些好处和利益。不仅要宣传产品的优点，还要将产品的优点转化成顾客的利益点。买到的东西不是我们受益，而是顾客受益。

2. 善于慧眼识顾客

作为一名销售人员，每天面临的竞争是很激烈的，所以，如何慧眼识顾客，迅速甄别哪些人今天一定会购买商品，哪些是潜在顾客，哪些只是随便看看，都需要日积月累，练就好眼力，果断地抓住机会，针对不同的顾客采取不同的应对措施。

3. 善于触动顾客的情感

找准了顾客的真正需求之后，下一步要对顾客“动之以情，晓之以理”。从简单的问候入手，逐步深入，循序渐进，用最为有效的方式首先博得顾客的认同。只要他认可你了，下面就好办了，这时候你如果再把他逐步引导到产品上来，他就会顺从地跟着你的描述进入那美妙的产品世界，这时候他购买的概率就会大大提升。

4. 能抓准顾客的需求

抓住了恰当的机会之后，接下来就是针对真正的顾客，如何尽快地摸清他们的需求。在找准了顾客的真正需求之后，就能够做到“量体裁衣”，保证每位顾客都能满意而归。

5. 永远不要让顾客单一体验

当顾客要求体验时，一定鼓励成套体验。只有试得多，成交的概率才会变大。套装式的服务才能更有效地触动客户需求点。

制定目标，让销售工作有章可循

高情商销售员在开展每一份工作之前，都有明确的目标，并且根据目标能列出计划，再根据这个计划有步骤地列出自己的行动路径。因为只有这样一环紧扣一环，严密地制定好自己的工作方案，并且严格地按照方案执行，才能够达成目标，迅速走向成功。而那些低情商销售员只知道埋头苦干，到最后还是无法确保能够很好地完成工作。所以从现在开始养成制定明确目标的习惯，将来你必会受益匪浅。

【实战案例】

张强和李伟是刚刚毕业的大学生，他们两个人分别到两家公司应聘担任销售。一家公司在对张强进行培训的时候一直在不断地强调要以结果为导向，即一切出发点都要以服务为目标，因此为他制定了严格的目标。而李伟在接受另一家公司培训时，该公司则更加注重与客户的沟通技巧。三个月后，这两家公司对新员工培训也告一段落，张强和李伟在走上岗位后，和客户的交谈中都时刻不忘培训时的要求。此时，有明确目标的销售员的销售量比另一家公司的销售量多出三倍。

这两家公司通过对客户调查发现，很多客户认为销售员李伟在沟通时讲究技巧，和他在一起交谈很愉快，但是在谈话的过程中对于实现最终目标的主动性和积极性却不强，因此，经常会错过交易机会。对于张强，客户评价说他可能没有李伟那样善于言谈，但是他却善于抓住时机促成交易，最终客户是被他实现目标的坚决性和主动性说服的。

与客户之间的交易是销售员通过和客户进行沟通促成的。而在这其中，有没有目标，是销售员是否有动力的重要表现因素，如果能够制定完善的目标，时刻专注于销售目标，业绩将会大有提升。

【实战点拨】

目标是一个人前进的方向，方向是指引人走向成功的必要因素。高情商销售员为什么容易成功，即使遇到困难他们都会克服，其中一个重要原因就是他们目标明确、工作有章可循。作为一名销售员，只要找准了目标，就应勇往直前，不被暂时的困难和短暂的失败吓倒，就一定能够成功！没有目标的销售员就好像是没有航标的船，只能在江面随波逐流。没有目标，销售员也无法对自己的工作成绩进行评估和总结，他不记得自己的产品卖到了哪里，他会浪费大量的时间，他的业绩停滞不前。

很多人所制定的销售目标缺乏实效性，缺乏可操作性。那么，如何才能制定一份更切合实际的销售计划呢，要注意以下几点：

1. 明确当前具备哪些优势

销售人员在制定目标的同时，要结合当前自己所处的环境状况，以及所拥有的资源优势，对比分析，考虑如何把这些优势资源运用到将来的销售实践中，最后得出将来的工作重点。

制定具体的目标规划，就像打仗一样，在上战场前需要对战场环境及自己当前所拥有的武器、弹药、装备做到心里有数。销售人员必须对当前的环境因素和资源因素有明确而清晰的认识，逐一分析，考虑哪些对自身有利，哪些对自己不利。

2. 找到所缺资源的补充方法

打仗需要充足的武器弹药，做销售也需要具备各种资源条件，金钱、人力、渠道、信息、客户、专业技术等等。然而，无论是一个企业还是一个人所拥有的资源毕竟相对是有限的。那么，对于那些缺少，而又必备的资源，如何来获得呢？这就需要每个人在自己的销售目标中明确起来。当然了，每个人获得的途径都是不一样的，可以通过学习和培训，可以通过与同事共享，还可以通过客户的帮助等等。总之，一定要找到所缺资源的补充方法，这是保证销售活动持续进行的必要条件。

3. 设计好销售策略

从目标的确立到目标实现，不会一帆风顺，更不会水到渠成。这中间的每一步都需要运用很多技巧。这世界上没有所谓的大事，所有的大事都是由若干件小事所组成的。认真地做好每一件小事，整合在一起就成了大事。销售人员要想做好一件事情，必须提前把每一步都进行详细的设计，设计如何来做好这每一件小事，这就是策略。

4. 做好应急应对方案

一帆风顺的好事谁都想，但现实中可没那么多的好运气。由于客户的需求会随着市场变化而变化，因此，在推销过程中，各种意外、变故随时都有可能发生。所以，销售人员在制定事业目标时，还必须考虑到在特定情况下可能出现的意外变故，把当前能想到的意外变故都罗列出来，并针对这些变故制定相应的应对策略，或是替换备选方案，甚至包括退路。

目标的制定并不一定是一成不变的，可以有日目标、月目标、年目标，然后循此目标前进，直到达成为止。在目标制定后，必须随时随地进行目标的管理追踪，以确保每一个过程中目标的达成。否则，制定目标没有任何意义。

让顾客满意了，销售业绩就上升了

无论是售前服务还是售后服务，高情商销售员都会做到全身心地投入，从心里重视每一位客户。因为只有这样才能做好销售工作，只要服务好了，客户满意了，销售自然而然也就成功了。但是要做到让客户满意并非是一件容易的事情，这就需要不断提高我们的情商。

【实战案例】

小徐是某家房地产公司的业务员。有一位老先生嫌自己现在居住的市区来来往往的车太吵，而且空气也不是非常好，所以老两口决定在开发区买一套房子，但是让他们感到纠结的是不知道究竟该选哪一家的楼盘。

在交谈中，小徐得知这位老先生的老伴身体不是非常好，而且还得了胃病，小徐记在心上。之后小徐以追踪反馈信息的名义去登门拜访这位老先生，开始小徐只是谈一些保健知识，和老先生说起自己的父亲以前是做中医的，对于治疗胃病很有一套，老太太便让小徐帮忙让他的父亲写一份治疗胃病的偏方，偏方上说用通心根、白节藕、猪肚子、莲米等炖汤喝最有效果。

第二天，小徐买了中药和新鲜猪肚子送了过去。之后每隔几天，小徐就会送几副中药过去。但是丝毫没有提房子的事情。到第五次上门，老先生拉着小徐说："闺女呀，多亏你父亲写的那个偏方，我老伴的胃感到好多了，下午我们就去把购房合同签了吧。"

有付出就会有回报，只要是从小徐手里买过房子的客户，只要有需要或者是在她能力范围之内的事情，她都会尽可能给予帮助，而且那些客户也都会主动地为小徐提供信息，介绍买主。正所谓：送人玫瑰，手留余香。

很多时候，销售服务人员所提供的服务以及与客户进行的沟通是否到位，都会影响甚至决定客户的满意程度。

【实战点拨】

让顾客满意我们的工作，首先要做好服务。高情商销售员提醒我们，做好服务就要做到以下几点：

（1）抓住主要服务对象。做销售的时候我们经常说搞定某个人，就是拍板的人。做售后服务的时候也是一样，即使你的服务被客户方其他人员都认可了，客户负责人一个"不"字就可以否定你的一切，所以你的服务一定要得到客户负责人的认可。

（2）不要轻视客户那里的每个人。客户那里的每个人都很重要，如果你只顾及了负责人的感觉，对别人提的要求置之不理，就大错特错了。当别人提的要求与责任人有冲突时，你要不厌其烦地给予合理的解释，以期得到别人的理解。你要明白，他们中的某个人到明年也许就是负责人或会成为你续签合同时的障碍。

（3）抓住主要要解决的问题。解决完主要问题后，应马上离开，避免又提到其他问题。

（4）不要讲太绝对的话。世上没有绝对的事情，你不要轻易说“绝对没问题”之类的话；你可保持沉默，如果必须要说的话，可以说“一般是没有问题的”“有问题的话，您及时打公司或我的电话”“正常来讲应该是没问题的”之类的话。

（5）举止、谈吐、衣着要大方得体，表现出公司的文化底蕴。你的一言一行都代表着公司的形象，千万不可太随便，你的一句话、一个动作都可以丢掉一个客户，要养成良好的职业习惯。

（6）不要与客户大谈竞争对手的不是。贬低别人是为了抬高自己，但事情往往事与愿违，贬低别人正因为你害怕别人。不妨大度一点，也给别人一点肯定，有助于给自己树立好的形象。

（7）公司内部矛盾和问题不要反映到客户哪里去。比如：公司经营问题、公司决策层矛盾、老板的缺点等，会让客户感觉公司没什么凝聚力。

把握顾客脉搏，及时适应顾客要求

随着时代的变迁，客户的需求也随之变化并逐步提高，就客户中的需求而言，客户希望自己的消费体验能够得到迅速积极的回复，最佳的回复应是迅速明确积极的，而且应在第一次见面中就起作用。所以高情商销售员都会做到：态度认真，语言婉转，处理公正，行动迅速。

【实战案例】

沃尔玛用定期邀请客户到店里喝茶的方法，来向顾客征询对沃尔玛的意见和建议。只要是公司能够做到的，他们都会在最短的时间内尽可能地满足顾客的需求。曾经有顾客提出，洗手间的标识太小了不够显眼，得到该意见之后，沃尔玛立刻挂上了比较醒目的大标识；据反映沃尔玛的存储柜太少了，根本不够放，为此商场特地把存储柜从300个增加到600多个；一天，沃尔玛的分店开业，有顾客反映那里面的空气流畅度不是很好，沃尔玛就进行了多次的通风技术改造。

所以，沃尔玛成为今天庞大的"零售帝国"，也不足为奇了。

有一天，一对中年夫妇带着记者来到了沃尔玛世贸店，原因是他们在海鲜部购买的黄鱼发臭了。因此他们想讨个说法。沃尔玛的管理层得知事情后亲自接待了记者和这对夫妇，并将整个事情的经过进行了认真仔细的调查，发现该顾客在本店购买黄鱼后并没有立即烹煮，也没有采取保鲜措施，在6小时后发现黄鱼发臭。虽然事情的真相已经很清楚了，沃尔玛没有将责任推给顾客，而且还允许退货并赔偿同等金额的黄鱼，因此顾客被沃尔玛卓越的服务态度所折服。

客户反映的问题，无非是服务不主动和产品出现问题，但这些对客户来说，就是大事，它们会直接影响到销售的业绩。对于顾客的投诉，高情商销售员都会及时应对并给予明确的答复，因为这是挽回公司形象的关键所在。

【实战点拨】

一些低情商销售员常常会把预先设计好的服务产品或者服务程序简单地向顾客提供，让顾客选择，这样很难让多数顾客满意。销售服务都是无形的，是通过顾客参与来完成的，服务接触的瞬间是决定服务成功与否的关键时刻。与顾客建立亲密关系的首要一点，就是设法理解顾客，帮助顾客选择适合他们的服务效果。

所以高情商销售员会时刻关注客户的需求变化，并且根据这些变化调整服务方式。在具体的销售过程中，以下一些方面需要你注意，以提高迅速适应客户要求的能力。

（1）倾听客户的问题。不仅是在调查或者受到投诉的时候，而应是每时每刻都注意客户，倾听客户的问题。

（2）对客户反映的事实负责，并且采取行动。当客户对公司产品存有疑问时，要将它作为一次客户关系恶化的情况来处理。

（3）集中关注并把大部分的注意力放在那些对客户有影响的项目上，从而达到提供更简单、快捷和有价值服务的目的。要找出深层次的原因，而不是表面现象。

（4）用一套共同的指标来量度不同的项目成效，这些指标必须从客户立场出发。

（5）追踪所发生的一切，找出你在销售工作中产生的作用。这需要依据趋势的判断来进行适当调整，而不是单次记录下满意度调查得来的反馈内容。

售后积极跟进，不把问题留给顾客

在销售工作中，与客户的交易要么成功要么失败。而对于销售员来说交易成功固然是值得高兴的事情，交易失败也不要沮丧，一次的失败并不能代表今后也会失败，只要树立起信心仍能创造出成交机会。无论交易是否成功，高情商销售员都会进行跟进。所谓的跟进指的是在成交阶段后，无论成交与否，销售员对顾客所持的一种态度和进一步提供的服务。

【实战案例】

王伟是一家家电公司的销售员，主要销售洗衣机、冰箱、电视机等大件家电产品。每次只要客户一订货，王伟都会将产品送到客户的家里。并且按照客户要求的位置将产品放好。而且王伟对于售后服务跟进也是非常的重视，常常打电话问客户对于产品的使用情况有什么意见或建议，如有客户告知需要维修，王伟也会以最快的速度将其修好。

相比之下，另一家公司的销售员陈刚，同样也提供送货上门的服务，但是往往只将货送到门口就了事了；如果客户需要上门维修，他总是三催四请迟迟没有给解决，即使修好了没过多长时间就又开始出现毛病了。

最巧的是，王伟的一位客户和陈刚的客户刚好住在一个小区并且相互认识，在一次闲聊中说起了家电方面的事情，陈刚的客户一听对王伟的介绍，感慨万千，通过介绍陈刚的客户见到了王伟，亲身体验了一下他的售后服务，大为赞叹。自那以后陈刚的客户每次只要遇到亲戚朋友需要购买电器，都会将他们介绍给王伟。

所谓的售后服务就是产品售出后的服务。在现今如此激烈的竞争中，优质的售后服务是至关重要的。低情商销售员会认为生产出来的产品卖到客户手里就完事了，其实这种想法很不好。如果售后服务做得不好，客户迟早会离你远去，而怎样才能够争取到更多的客户呢？售后服务的质量是关键。

【实战点拨】

如果客户在成交之后不能享受到令其满意的售后服务，那么必将大大影响他们今后的购买决定。当销售员不能为客户提供良好的售后服务时，销售业绩必定会受到严重损失。因此，销售人员如果想要获得更多的忠诚客户，想要在今后创造更大的销售业绩，就必须做好售后跟进，跟进的作用往往表现在以下几个方面：

（1）销售员在交易失败后能够进行自我检讨，为改进今后的工作，提高成功机会作参考。

（2）能够使得客户在交易成功后得到真正的满足，从而为今后重复购买奠定坚实的基础。

（3）希望顾客在成交失败后能对销售员及企业留下美好深刻的印象，为今后销售成功创造机会。

高情商销售员都明白：跟进是成交不可或缺的连续行为，二者必须有效配合起来才能够更好地满足客户的需求，成交只是顾客和销售员对销售的建议达成一致的看法，而这种一致的看法只是一时的，要想真正使顾客在成交后获得满足，就需要销售员在服务方面进行不断的跟进。那么高情商销售员是如何跟进的呢？

1. 表示感谢

在与客户交易成功时，作为销售员要找一个恰当的时间和方式向客户表示感谢。致谢的方法可以通过打电话、写卡片、登门拜访等方式。

2. 检验交货

如果是销售员亲自将货送给客户，在送货之前应该对于产品进行最后的检验。如看看有没有损坏的地方，如果有的话就需要立即更换，以免给客户造成不良的印象。如果是由其他人送货，销售员应该及时地与负责送货的人员取得联系，同时对货物做好检查，核对订单，避免发生问题。

交货完毕后，应该打个电话询问客户使用情况，若发生什么问题时，应及早解决。销售员对于货物进行检查，可以有以下三个好处：一是保证满意交货，二是维持企业信誉，三是避免因交货失误而引发顾客不满。

3. 测试安装

对于需要技术性专人负责安装的机械或工程等，销售员在安装的过程中应该对于安装进度和工程情况格外注意，同时在完成安装后，还要亲自检查一遍，使其运转正常。

4. 训练养护

客户对新上市结构比较复杂的产品，对其了解不是太具体，所以在与客户交易后应该给予使用操作指导和说明。若不能够依照产品中规定的步骤来执行，小则导致故障，使商品应有的功能不能够得到全面的发挥；大则造成人身伤害或危害生命等不幸事件。另外对于产品的维修和保养方面的知识应该传授给客户。

5. 请客户提供满意证明

当顾客对一切跟进表示满意之后，销售员就应该要求客户对其购买的产品做出相应的评价，客户满意的证明对于今后工作的开展具有极大的推动作用。通过售后跟进才能够有效地建立起业务关系，跟进不但能使销售业绩得到保证，而且为日后扩大销售奠定了基础。

6. 引导顾客重复购买

重复购买，不仅是客户之前购买产品满意的体现，还是下次再买的先决条件。由于销售员采取跟进策略成功，达到了客户的满意，就会成为再一次购买的保证。

跟踪服务，让你的客户源源不断

很多高情商销售员都很重视跟踪服务，他们认为让客户愿意多次购买你的产品的最好办法，就是提供跟踪服务。现有的客户对你来说是一笔潜在的巨大财富，因此不要拘泥于常规的交往方式，一定要努力发挥你的想象力，多想办法跟踪服务。这时，你会发现：他们不仅会再次购买你的商品，还会经常向你推荐新的客户，从而大大提升你的销售业绩。

【实战案例】

IBM是国际商用机器公司的简称，从20世纪90年代中期开始，IBM就开始在全球范围内实施“以客户为中心”的市场发展战略，对客户的需求跟踪服务做得相当出色。

IBM建立了一个企业的客户服务中心，由训练有素的专业人员与客户进行互动交流，了解客户的需求，根据客户所处的行业以及地区的差异性，IBM公司在全球范围内对营销部门及服务部门提出了不同的需求跟踪方略，如营销与服务体系根据行业特征来建设，以便于更好地为客户服务和更好地跟踪客户的需求。

在企业内部，IBM大力倡导和实践全面服务客户，即360度客户服务的企业文化。从IBM的最高层领导做起，花大量时间跟踪客户需求，亲自访问客户，倾听客户的建议和意见，完善客户服务中心，改善与客户的交流，用专门的人员来处理协调客户的意见和建议，并建立了一个客户需求信息管理平台，将有关客户的资源整合在一个数据库中，以作整体分析，参考决策。

在这个案例中，IBM提出了客户需求跟踪的一般方法。建立客户服务中心，由训练有素的客户服务人员了解客户的需求变化，这样有利于实现对客户需求跟踪的最佳方法，对待客户的需求要详细记录，对跟踪到的客户的需求要差别对待。

【实战点拨】

高情商销售员都是非常乐意在跟踪准客户上花很多时间的，一旦这些客户被列入他们的跟踪范围之内，那么销售员就会对他们锲而不舍地跟踪到底。对于不同的人其跟踪服务的技巧也是不同的。高情商销售员在开始的时候都会将准客户作为跟踪的对象，渐渐地就会将准客户的朋友也纳为新的跟踪目标，从而达到不断开拓准客户的目的。下面几种跟踪服务可以帮助你在顾客的心目中留下深刻的印象。

1. 打电话致谢

销售完成后你就应该及时打电话给你的客户，向他（她）致以谢意，同时询问对方对你的产品或服务是否满意，这样的电话致谢，是有效跟踪服务的开始。

2. 让顾客知道你一直在为他们服务

你可以给你的客户发传真，或者给他们打电话。不论采取什么方式，关键是要鲜明地向他们表明：你的公司可以为客户提供一流的服务。如果你从来不向客户讲述你为他们做了什么，他们就可能不会注意到。向客户谈论你为他们所做的工作并不是一种自吹自擂的表现，当你为客户解决了问题时，别忘了打个电话告诉你的客户，让他们知道是你为他们操办了这一切，他们什么都不用担心。

3. 经常给你的老客户寄封你亲笔写的短信

利用各种机会给你的老客户写封亲笔信，比如你参加圣诞节的聚会时碰到了你的某位老客户，别忘了事后写封亲笔信问候。

4. 努力让你和客户的关系个人化

互联网使交往变得更加容易，但却常常造成人与人之间直接接触机会的减少。如果某些问题的解决需要你同客户面谈的话，你就应该给客户发个电子语音邮件向他表明，你希望与他（她）直接面对面交谈，从而建立个人关系。

5. 记住那些特殊日子

及时给你的常客寄送生日卡、周年纪念卡、节日卡，并署上你的名字。

礼品也是跟踪服务的一种工具。无须花一大笔钱就能表示你对客户的关心，运用你的创造力，向客户送一些能引起他们兴趣的小礼物，这对增加你的业务大有裨益。

6. 与客户分享你的知识和信息

如果读了某篇文章，看了一本新书，或者听到某个组织的新情况之后，你感觉自己获得的知识或信息对你的客户也有用的话，不妨给他（她）发个短信或者打个电话告诉他（她），共同分享。

现有的客户对你来说是一笔潜在的巨大财富，因此不要拘泥于常规的交往方式，一定要努力发挥你的情商，多想办法跟踪服务。这时，你会发现：他们经常会向你推荐新的客户，从而使你做成一笔新业务。

回访到位，客户忠诚不遥远

高情商销售员都会为客户制定定期的回访制度，这样做不仅可以了解客户对产品的使用情况，而且还可以了解到在使用过程中的一些问题。只有通过这种方式我们才知道客户在想什么、需要什么，我们所能够给予的又是什么。只有得到客户充分的配合我们才能够提高服务质量，进而使我们的销售业绩越来越好。

【实战案例】

近几年来保健品行业发展得非常迅速，对于这个行业来说，产品是可以重复消费的，所以，在这个行业中对客户的回访是至关重要的。

作为山东省著名的保健品营销代理公司——华源祥商贸有限公司，其所营销的产品主要是天宇保健茶，其销售方式是通过药店对外进行销售，在济南目前就有 20 多家药店经销他们的产品。

公司对于每一位客户的沟通过程，利用公司的CRM系统进行全程记录，该系统还根据客户的订单自动生成回访计划，这样就可以很好地提醒服务人员进行有计划的回访。在还未进行回访之前，服务人员可以在CRM系统中查找到有关客户的信息，从而更好地与客户进行交流。CRM系统中还对产品进行了重复购买周期的设置，有了这些数据就能更好地进行客户回访，提高客户的忠诚度。

客户回访不仅是提升客户忠诚度的重要方法，对于企业来说客户回访是一项至关重要的内容，不但可以得到客户的认同，而且还会为企业创造更多的价值。

【实战点拨】

情商高的销售员通过回访客户，不但可以给自己带来很多有用的信息，而且还可以促使订单的再次达成，而那些低情商的销售员在回访客户时，经常会让客户反感或厌倦。那么，高情商销售员是如何正确回访客户的呢?

1.三,七,十五原则

很多销售员在约访客户后，就觉得没有什么事了，客户有需要会联系自己，这些想法都是低情商的表现，是不可取的。往往一次约访根本打动不了客户，引起不了客户的注意，因此在约访后的三天要打电话回访，听听对方对你的看法和建议，以及获取对方的有效信息。

七天时是加深客户对你印象的时间点，这时候你要提升前面回访时客户对你的看法，这样就会加深客户对你的认可和认同。

十五天，是你确定是否继续跟进的时间点，假若还是没有意向就可以选择放弃。

2.寻找合理的回访机会

高情商销售员常常借助节假日来电话回访，但是要注意的是此时千万不要谈业务，可以询问对方最近在做些什么，节假日有些什么活动以及祝福等相关的话题。加深对方对你的认识，此时不是推销自己的业务，而是推销自己。

3.促销或者活动策略

高情商销售员在打电话询问客户最近的情况时，会寻找合适的时间点，向对方介绍自己的活动，告知他有这样或那样的一个优惠政策。千万不要让客户感觉你是在推销产品，而是让客户觉得买这个产品对自己是有好处的。这样不会引起客户的反感，但是话题不能太久，提过就好。

4. 转介绍法

可以采取迂回的办法，采取听说、通过介绍等办法，来接近对方，引起对方的注意。这种销售方法千万不要急于求成，要先把自己推销出去，然后再慢慢引导客户接触相关业务。

学会反馈服务，让你与顾客走得更近

信息反馈是高情商销售过程中不可缺少的环节，是高情商销售员改进工作方法，调整走访计划，了解客户需求变化的重要手段。做好销售过程中的信息反馈，对促进销售员和客户之间的密切合作和情感交流，将起到重要的作用。

【实战案例】

在著名企业微软的客户服务系统里，除了要求员工悉心聆听客户意见之外，微软的软件也会自动收集客户的反馈意见。多年前，当 Office 开发者无法决定该把哪些功能放进常用工具栏时，Office 的程序员制作了一套特别的 Office 软件。这套 Office 在用户允许的情况下，记录用户最常用的功能，传送到微软。最后，借助这些统计数据，开发者就可以决定什么样的用户界面才会对大多数用户有利。

微软把这个技术应用到了所有的产品上。任何微软的软件碰到问题后都会自动搜集数据，并在用户的允许下经过网络把这些数据传到总部的服务器，以帮助开发人员诊断和测试软件。有了这样的技术，Windows XP 推出一个月后，微软就把用户碰到的一半问题都解决了，然后再通过网络自动帮助所有合法用户升级软件。此类工作集中体现了公司的创新精神以及借助软件技术解决问题的能力，当然也体现了微软完善的服务反馈系统的优越性。

事实上，许许多多的老客户都是通过销售工作完成后，与销售员进行有效的沟通，才能够保持彼此之间长久的联系的。高情商销售员也都会在完成任务之后，通过服务反馈系统来对客户关系进行有效的管理。

【实战点拨】

高情商销售员都会为客户提供良好的售后服务和完善的服务反馈机制，这样做对销售来说是十分有利的。比如可以提升你在客户心中的良好形象，减少客户的不满情绪，可以借助老客户对产品的口碑开发那些潜在的客户等。

在经营销售过程中，高情商销售员会经常用到以下几种信息反馈：

1. 当即反馈

当即反馈就是即时反馈。高情商销售员在走访市场时，会密切关注市场的变化、客户的销售变化、客户是否规范经营以及市场的净化程度等等，做到心中有数，从细微之处发现问题，当即反馈到相关部门或相关的责任人，以便采取相应的措施，快捷、准确地解决所反馈的问题。当即反馈的形式多种多样，如运用电话、手机、短信、QQ 号、信息平台、面对面沟通等，都属于当即反馈的范畴。

2. 阶段性反馈

阶段性反馈，一是通过阶段性的总结来反馈。高情商销售员常根据走访市场时掌握的情况进行阶段性的总结，通过总结发现市场上存在的问题，针对市场上存在的问题，分别对相关的责任部门和责任人进行反馈，再对存在的问题进行科学的分析、归纳和总结，并制定出行之有效的改进措施和工作方法。二是通过书面的市场调查结果进行反馈。此项反馈可以依据公司每月对客户进行的书面调查，调查的内容是客户对公司的决策、货源分配的透明度，公开、公平性；同时让客户指出我们工作的不足之处，并提出好的建议。高情商销售员在掌握市场的第一手资料后，总结出这一阶段在工作上的得与失，再对相关的部门和相关人员进行反馈，共同对调查的结果进行仔细研究。对调查结果中显现出的不足，应当深刻反思，并采取具体的改进措施，以便提高服务质量和水平，努力让客户满意。

3. 通过和客户直接交谈反馈

高情商销售员常利用走访市场时，与客户面对面的接触进行交谈。交谈时的态度要和蔼，谈话以商量的口气进行，征求客户意见时态度诚恳，使客户感觉到谈话的气氛轻松愉快，这样就在无形中拉近了与客户的距离，客户就会更容易讲真话、讲心里话。客户把销售员当成知心朋友，他们不但能指出我们工作中好的一面，同时也愿意指出我们工作中的不足，甚至是公司经营中的不足之处。直接交谈获得的客户信息更真实，对以后产品的改进和销售更有帮助。

情商提升与实战

1. 情商拓展训练

道具：笔和纸。

人数：8 人以上。

方法：以 8 人为例，8 人分成 4 组，每组 2 人，1 人扮演客户，1 人扮演客户服务人员。客户服务人员对客户展开跟踪服务工作。

规则：在跟踪服务过程中，客户服务人员要就某项生意不断跟踪客户，为其提供最好的服务。时间 60 分钟。然后互换角色，进行练习。

目的：通过游戏，培养游戏参与者的客户服务跟踪能力，提高参与者的情商。

2. 情商情境分析

小王刚刚成为客户服务人员，第一次就接待了一个大客户，开始谈得不错。价格报过去以后，又进行了几次洽谈，可结果是，后来就没有消息了。

问题：这时，小王该怎么办？

3. 情商实战思考

假设你是一家公司的售后服务人员，经过了很长时间的努力，某位客户和你的关系还没有很大的进展，你该怎么处理?

参考答案

情商情境分析：小王应该展开跟踪服务工作。

情商实战思考：努力让你和客户的关系个人化。如果某些问题的解决需要同客户面谈的话，你就应该给客户发个电子语音邮件向他表明，你希望与他面对面交谈，可以约好时间，到他的办公室见面。

第六章 幽默开朗：在说笑中拉近与客户的距离

幽默是情商高的表现之一，也是一种最富感染力、最具有普遍传达意义的交际艺术。幽默在人际交往中的作用是不可低估的，俗话说“笑一笑，十年少”，人们大多喜欢和具有幽默感的人交往，因为他们能给人带来一种心灵上的愉悦和轻松。在销售中，交易的本身容易让客户充满戒备与敌意，如果销售员能够适当运用幽默的技巧，就可以消除客户的紧张情绪，使整个商谈过程变得轻松愉快，充满人情味。所以，幽默的销售员更能获得客户的欢迎，取得他们的信任，促使交易走向成功。

自相矛盾式幽默，引导客户深入思考

现代生活中，我们常说的自相矛盾是指人物言行不一、言语前后冲突、行为相互抵触，矛盾造成的反差和荒谬也能产生一定程度上的可笑意味。销售中自相矛盾的幽默往往还能引起客户的思考——因为矛盾会暴露问题，销售员故意用幽默的方式将问题推送出来，就放在客户表面，吸引客户的注意，如此一来客户不得不注意，也就不得不思考，而一思考，必定走入销售员早已备好的话题范围。

【实战案例】

某化妆品门店最近在做某品牌化妆品的促销宣传活动，其中某个系列主打防水效果，导购员小冰和雯雯就负责该展柜，俩人从一大早开门营业到中午头了，站得腰酸腿疼的，不断地拉着进门的顾客苦口婆心地说，说得口干舌燥，收益却很一般，到了下午，俩人碰头一算，今天的任务量居然完成还不到一半。

“情况不妙啊，”小冰愁眉苦脸地说：“累死累活的，怎么这么不好卖。”

雯雯也很沮丧：“就是，现在的顾客挑得很，产品无论多好也都能挑出不满意的地方，我看不是产品的问题，这买卖看人喜好，凭缘分。”

小冰“噗嗤”乐了，回嘴说：“照你这么说，咱俩的饭碗也得看天意，看命咯？”

“可不是，造化弄人哪……”

俩姑娘在一块又贫又笑，正说着迎头走过来一位顾客，探到展柜跟前瞅了瞅，抬眼瞥见了柜子一角放着的一排湿纸巾——那本来是为了配合顾客试用完化妆品后擦拭准备的，印着品牌的logo，包装也挺精美，有顾客喜欢，小冰就提议多拿一些当赠品——这位顾客看到湿纸巾包装很好看，手指着忍不住问了一句："这个送吗？"

雯雯灵光一闪，回道："哪能啊，那是我们的主打产品，卖的。"

顾客感到奇怪，心想：这么大一展柜主打湿纸巾？难不成这一柜子的眼线睫毛膏是用来送的？

雯雯看她一脸不可思议，紧接着说："我们家湿纸巾是万能的，什么都能擦，没有擦不干净的污渍。"

"啊？"顾客更加茫然了。

小冰领会到雯雯的意图，赶忙从柜台里拿出一只试用的眼线笔，说："不信您试试，您用笔在我手上随便画，看能不能擦掉？"

顾客越是不解，越是好奇，真的接过眼线笔在她手上画了几道，一边画还一边听见俩人在旁边说："看这颜色，够黑够浓吧。"然后就见雯雯拆开一包湿纸巾，拿出一张开始在小冰手上使劲擦，擦了十几秒，拿开一看，眼线笔的痕迹纹丝不动。雯雯装作很尴尬的样子，惊讶道："哎呀，怎么擦不掉了？连晕染都不晕染，这什么眼线笔，防水效果这么好？"

听到这顾客算是恍然大悟，看着两个"戏精"导购，忍不住"哈哈"笑起来，边笑边配合道："原来是因为眼线笔防水太好了，那我还是不买纸巾买眼线笔吧。"

小冰和雯雯一看，"计谋"成功，不由得喜上眉梢，忙恢复正常，给人正正经经地推销一番，顾客听了很满意，再加上有方才一出戏剧性的效果加持，最后是果断地买下了一整套化妆品。

"矛盾"这个词是源于《韩非子》中那位卖矛和盾的生意人，表示事物之间的强烈冲突，有很强的喜剧色彩。案例中雯雯就是在矛盾对转以前把即将转化的矛盾加以强调，以耸动别人视听，以达到销售的目的。

【实战点拨】

自相矛盾式幽默，不仅仅是为了简单取乐，逗客户一笑，更是为了引导，为了更好地梳理客户深层的疑惑和需求，所以，矛盾不过是故作模样，幽默不过是一种引人注意的表达方式，其本质上，还是高情商销售员针对消费心理有意设计的推销战术。如何巧妙使用自相矛盾式幽默呢？销售员要注意以下几点：

1. 矛盾要有真正的幽默效果

自相矛盾也要有一定的逻辑，还需要保证这样的矛盾确实是幽默的，而不是混乱胡闹令人费解的。幽默这件事需要天分和积累，有些人情商高，生来就有幽默的细胞，性格开朗活泼爱说笑，反应快也善于从生活中挖掘各种梗，而有些人就会迟钝一点，找不到自己的笑点，也找不到他人的笑点。如果是前者，自然无须在这里连篇累牍地教，如果是后者，真的是一个不幽默的人，也无妨，幽默是加分项，不是基础分，每个人擅长的领域不同，但每个人都可以用自己的方式在销售行业发光发热。所以，销售员要么有把握让矛盾引出幽默的效果，要么，本本分分地，用你更擅长的方式去赢得客户的心，万不可邯郸学步，适得其反。

2. 矛盾要突出产品特点

矛盾既然是为了幽默而有意为之，自然是要尽量围绕产品而为之。将客户的注意力吸引到产品本身才是销售员所做一切努力的根本目的。当然，幽默也可以只是单纯的营造轻松的聊天环境，搭建一个愉快和谐的交谈场景，为进一步的销售行为做铺垫。但如果幽默跟产品，跟销售员的销售行为毫无关系，也很容易将话题带跑偏，况且，在很多时刻，销售时间都是短暂的，机会稍纵即逝，没有多余的时间给销售员做很多无意义的事，说太多无意义的话，因而，销售员需要在具体实践中自己把握分寸。

3. 矛盾要能够引起客户的探知欲

矛盾最好能直接引起客户的好奇，让其瞬间有想进一步探知“到底怎么回事”的欲望，才能称得上是成功。销售员的话最大的价值就产生在引起客户对所销售产品兴趣的那一刻，其余的都是“浮云”。

正话反说式幽默，幽默中敲醒客户

生活中高情商的人常用说反话来搞笑。反话在不同的场合有不同的效果，有时是纯粹的幽默，活跃场面，有时是为了冲淡交谈中的不和谐，有时，又具有讽刺挖苦的效果。当然，在销售行业中，销售员想要运用正话反说的幽默，追求的只能是前两种效果。反话中蕴含着智慧的“弦外之音”和为了掩盖彼此差异与冲突的宽容，既是一种高情商的体现，又是一种乐观的态度。

【实战案例】

孙好卖电扇卖了好多年，什么样的顾客都见过，尤其是现在这个市场，电风扇的需求量远远不如当年，孙好店里慢慢地也进些别的货，毕竟做生意，不能一条道走到黑，还得活。

但孙好最擅长的还是卖风扇，毕竟是老本行，业务熟练，也摸得清消费者的心理。比如这天，就有一位顾客上门，店里转了一圈，孙好上前询问：“需要点啥？”

“风扇都咋卖？”顾客问。

“这不一样的价位，您要哪种样式的？”

顾客指了指一旁一个立式的，问：“这个多少钱？”

按理说，卖东西的不喜欢先说价钱，但是挡不住顾客上来就爱先问价钱，孙好明白，现如今来买电扇的都图便宜，比空调便宜，还省电，天将热不热的时候用着实惠，所以价钱肯定是第一参考标准了。在知晓买家心理的前提下，孙好也没拐弯抹角，直接就报了价钱。

果然，顾客不满意地撇撇嘴，说：“太贵了吧，就一个风扇，又不制冷，老板您甭诓我，现在还有几家用电风扇的?”那意思就是说没人用没人买的东西还卖这么贵。

孙好听出了话里的意思，也不恼，笑眯眯地说：“就是啊，一个电扇，不制冷，还卖几十块钱，几十块钱用空调的话都能交好几天的电费了。”

顾客原本揣着一颗抬杠的心，被孙好这么一说忽然不知道怎么接了，只得不好意思地笑道：“那老板还不给我便宜点?”

“我也想给您便宜，成本不允许啊，您是不知道，现在生产风扇的都铆足了劲在各个方面优化产品，质量功能比着以前好太多了，但就是因为凉快不过空调，还是被市场给抛弃了，说实话我现在都不爱跟顾客推销风扇，我自己都不想用了。”孙好一个做买卖的，倒先跟顾客埋怨起自己家的产品来了。

顾客也知道，老板是在开玩笑呢，不过想想话确实也在理，自己买风扇不就是图个便宜省电么，买是真心想买，不过是习惯性地想砍砍价钱。现在听人家老板主动埋怨自己的商品，不禁笑道：“看你说的，我就问你要便宜点，你就直接不想卖我了?有你这么做生意的吗?你是针对风扇呢还是针对我啊?”

孙好看这位也是个快人快语的主，也笑了：“这不是因为您说得太对了，说到我心窝子里去了，现在风扇确实不好卖了，那是因为有更高级的东西替代，并不是因为它自己本身不行，它作为风扇还一直努力完善着自己呢，您看这定时功能，遥控功能，都很实用……”

顾客越听越乐，摆摆手：“行了行了，我知道了，这风扇质量好，功能多，所以不便宜，老板你可真行，直说不完了，我又不是不愿意买。”

孙好“呵呵”傻笑着，又具体地介绍了一些功能，最终还是让这位挑刺的顾客愉快地掏出了钱包。

遇到故意挑刺的顾客，孙好知道再怎么说自己的东西好也是没用的，于是干脆来了个出其不意，顺着顾客的话说了一堆言不由衷的反话，先用幽默化解顾客与商家敌对的心理，再慢慢地介绍产品，效果比一上来就与顾客直接讨价还价要好多了。

【实战点拨】

在一些销售场合，正话反说的幽默有时候会有意想不到的效果。但使用不恰当会适得其反，要想达到预期效果，要注意以下两点：

1. 反要反彻底，才有幽默效果

既然要反，就要硬气，反得彻底，清晰明确地表达出你的意思来，而且也正是因为反得彻底，才有可能出现冲突与落差，出现幽默的效果。销售员既然想要用反话来使客户明白一些道理，就不能保守地模棱两可，否则在客户那里就不明白你的立场，而误认为你自己逻辑混乱说不清楚，若是认定你说不清楚，对方也许就认为你默认了他的观点，那么也就丝毫没起到幽默的效果，更没起到表明信息引导对方的作用。销售的一方也是需要坚守阵地的，要记住，是你带着客户走向成交，而不是客户说什么就是什么，客户是不会主动带着你走向成交的。

2. 控制情绪，不要让反话变成赌气

幽默是正反之间的冲突和落差形成的，但不是说有冲突和落差就一定会产生幽默，有些话，说出来的语气就决定了它的意思，同样的话不同的情绪去说，就是不同的含义。所以说，在幽默中，尤其是正话反说时，情绪是十分关键的存在，情绪不对，反话就成了一种赌气式的挖苦，情绪对了，反话就是幽默，他人听明白了你什么意思，同时一笑了之，皆大欢喜，二者可谓一念之差，天壤之别。

幽默式拒绝，能让客户开心接受你

拒绝就是转移注意力的手段，幽默依然是为了取悦客户，让他开开心心地听你说。销售中，客户往往会听腻了你的好话，谁都知道做推销的能说会道，心思活嘴巴甜，总有些身经百战的人对这些套路免疫，总有些厉害的角色，会反过来牵了销售员的鼻子走。这时情商低的销售员就难以招架，只能一味地顺从。而高情商的销售员会在恰当的时候采取反击——幽默式拒绝。

出人意料的拒绝会令对方措手不及，目的是逆转场景中二者的主被动关系，同时，幽默又可以帮助消除两人的对立。

【实战案例】

小可最近有了一个很大的心得：就是“上帝”，也不能惯着。

怎么说呢，大概是人都有得寸进尺的心，而且客户与不与你交易的“最终解释权”也不在销售员手里，小可在多次用让步来刺激客户成交却还是输给对方一句“再考虑考虑”之后，幡然醒悟，决心一定要拿回最后的主动权。

这一天，小可招待了一位顾客，一听谈吐就知道很懂行情，不爱吃推销那一套，言语中咄咄逼人，丝毫不给小可发挥的空间。

“你就直接给我说价钱。”

“你们说得好听，原材料是进口的，最后不都在国内生产么。”

“你们这成分跟 ×× 家不都一样，怎么价格贵这么多？”

“你卖东西的当然都往好了说，我回去要是发现毛病你们给退货吗？”

……

小可原本都被对方带着跑了，只能顺着顾客，见招拆招，十分被动，她也觉得这样下去不是办法，于是在听到这个问题后，脱口而出：“当然不退。”

顾客一愣，脸上瞬间堆满了不满，正要发难，小可赶紧接上：“我们只退钱给顾客，从来不让顾客退货。有毛病的产品我们自己都不要。”小可说得一本正经。

“你们自己……噗……”顾客忍了忍还是没忍住，笑了出来。

顾客一笑，小可忽然觉得自己获得了空间，可以喘口气了，忙再接再厉地，把话头拿到自己这边，开始介绍产品的优势和售后保障，功夫不负有心人，成功地把这位“上帝”拿下了。

可想而知，这样的客户已经吃透了销售中的模式与流程，对一般正常的话术已经免疫，不会再听从销售员的引导，如果不是小可“语出惊人”的拒绝式幽默，怕是直到两人对话结束顾客离开，小可都无法获得应有的话语权，而一个失去话语权的销售无疑是最失败的。

【实战点拨】

顾客上门就是有消费的需求，没有多少人闲着没事干专门为挑毛病而来，只不过顾客想要在消费的时候尽可能地维护自身的利益，不希望被卖家忽悠，才以攻为守，抵触销售员的引导。这种情况下，销售员的情商就显得尤为重要了。有些情商低的销售员遇到这种情况容易出现情绪波动，觉得顾客难缠而失去耐心，或者放任自流，逆来顺受。而那些情商高的销售员则会先转移顾客的注意力，解除他戒备的心态，而后再进入主题。

人们通常会对不按套路出牌的事印象深刻，感到好奇与兴趣，比如在十分顺利的场景中有意地“逆”一下，又比如，在迎合对方的时候忽然拒绝一下。

1. 物极必反，太顺就要“逆”

通常的销售环节本身就会因为它的普通和普遍性容易被客户吃透，很多销售员上来总是那些话，客户见多了自然觉得没意思，有些客户自认自己能看穿销售一方的套路，就会在双方对话中显得咄咄逼人，根本不容销售员占主动。其实，也不能怪客户们有意为难，将心比心，谁都不愿意做一只待宰的羔羊，在可以反击的时候都一定会去反击，来捍卫作为一个消费者的权利。因此，销售员需要理解客户的心理，然后适时地拒绝，使对方心理产生与预期的落差，从而中断他进攻的姿态。其实幽默就是销售员含而不露地对客户敌对心理的消解，反对也好，拒绝也好，千方百计地幽默都是为了让两颗心的距离更近一些罢了。

2. 幽默为主，拒绝为辅

一般情况下，就算到了销售员为了保证自己的利益而不得不拒绝客户的时刻，那也一定是委婉温柔的，更何况你最开始的本意是用幽默来转变局面，而并不是真的针对客户的要求进行拒绝。拒绝产生的幽默效果也是有限的，需要天时地利人和，而不是说你随时随地拒绝客户就会让对方觉得好笑有趣，销售员的心里时刻要有个度，说出的话到底是个什么分量，会造成什么样的后果，在出口前一定要想一想。灵机一动前也要考量清楚，后面的话是否圆得上。

3. 瞬间的效果后正事也要跟上

如果拒绝得恰到好处，确实达到了你想要的效果，那么后续的话也要紧跟而上，否则客户一定要怀疑你可能是认真的，落差式幽默是你前后语言共同作用之下产生的，而不是你说完一句就撤了，客户就算觉得你的话有点逗，那么接下来呢？你到底什么意思呢？所以，搞笑归搞笑，正事还是不能落下。

大智若愚式幽默，小糊涂藏着大智慧

大智若愚，一是指才智出众的人，往往表现得蠢笨，那是因为他们思路与常人不同，能看到普通人看不到的问题，想到普通人想不到的地方，于是行为就不被人理解，显得愚而已；二是情商很高的人，在人前有意隐藏自己的锋芒，看透不说透，揣着明白装糊涂，其实什么都清楚，但为了照顾场面故作愚蠢。因为大智与愚之间的极大反差，人的言行容易变得可笑，这份可笑在不同场合有不同的意义，在销售场合，那就是一份难得的幽默和智慧。

【实战案例】

郑轩自己开了家茶叶店，因为本身也爱好，所以经常在店里泡茶招待上门的顾客，生意一直都不错。他对于销售的理念就是一句话：不要怕麻烦。他常说，笨方法也是方法，只要能解决问题，就是好方法。

有一回，客人来买茶叶，顺便坐下来喝喝茶，聊聊天，忽然看到桌上的一个茶叶罐子好奇道："这是什么茶？"

郑轩拿起罐子，打开看了看，发现里面已经空了，仔细回想了一下，说道："嘿，我也给忘了，这原来装的什么来着？"

客人笑了，把罐子拿过来看，罐子上确实没写茶名，也没有任何标志，打开里面也确实一股茶香，沁人心脾。如此一来，客人更加好奇了，便凭自己对茶的了解，猜测说："龙井？"

郑轩也拿过来闻闻，"好像。"站起身从架子上翻出几包龙井，说："咱俩试试，看是哪种？"

客人觉得有趣，欣然同意，又忍不住吐槽他："你这个卖茶的都分辨不出来？"

郑轩不好意思地笑着说："是啊，我只是个卖茶的粗人，比着你们品茶的主可差远了。"

客人也笑了，两人真的把几包茶都品了一遍，还争论了一番好坏，最后郑轩认真地问对方："你觉得是哪种？"

客人想了想，又比较了一番，指着其中一包说："肯定是这种。"

郑轩点点头，又挠挠后脑勺，不解道："那就奇怪了，我怎么不记得这种茶出过这样的包装？"

客人："你可真行，这种事都能忘？卖茶能不能专业点？"

郑轩不服气道："怎么不专业，我这儿的茶哪样不好？你说你刚才尝的，都咋样？"

客人："确实不错……诶？难道我还得感谢你忘了那罐子里的茶是啥，让我有机会多尝几种？"

郑轩："可不是，咋样，买不买？"

客人："行啊，各拿两包吧……等会儿，我怎么觉得有点不对呢……你该不会是故意的吧？"

郑轩："呵呵。"

……

客人忽然意识到自己上当了，也并不感到生气，反而开怀大笑。

郑轩不过是装傻让客人多喝了几杯茶，就因此得到了客人对自家茶叶的认可，小小伎俩不仅不会引起别人的反感，反而让客人获得了一段有趣的体验。虽然看上去很绕，不如直接邀请客人试用那样干脆利落，但效果却很不错，其间郑轩一直表现得不如客人，也是蠢笨之下暗藏狡黠，推举客人的意思，行的却是自己的目的，可谓是名副其实的大智若愚了。

【实战点拨】

大智若愚式的幽默建立在掌握主动权的销售员身上，目的是吸引客户注意，牵引客户进入自己的地盘。在交谈中表面的你退我让，实际上是紧张刺激的利益博弈。销售员要想牢牢抓住客户的心，企图就不能太直露，偶尔装傻充愣是为了让对方放松戒备，更好地接受你。当然这种幽默也要运用恰当。

1. 该笨则笨，该傻则傻

既然这世上有“大智若愚”这样的词，就说明这世上有看着愚笨其实最为聪明的人，所以人们在没看到最终结局时，往往不好直接定义一个人的行为本质，反之，一个人也没必要时时刻刻都表现得特别聪明，真正的聪明无须表现。在明白这个道理之后，销售员也就可以毫无顾虑地丢掉身上的包袱了，在合适的时机装个傻，卖个蠢，示个弱，也不失为一种机智。世人爱取笑比自己蠢的人，你笨起来也自然容易令对方放松心态，开开心心地与你达成交易。

2. 目的单纯，没有杀伤力

愚的目的是智慧，是用更高超的方式来达到目的，也可以算是一种小心机。但是这份心机只不过是给自己制造一个让客户更多了解自己的机会而已，并不是为了利益不择手段地玩弄客户的信任。高情商销售的原则是拒绝欺瞒，我们所做的是良性的推销，而不是侵害客户利益，挖坑是玩笑，不是陷阱。最终客户还是要有起码的知情权，最终销售员与客户回归推销主体时还是要坦诚相待。如果说你的笨最后反衬得客户更愚蠢，对方怕是不仅笑不出来，还要觉得羞辱吧。所以呢，幽默一定是好意的，玩笑也是好意的，让客户高兴也是真心的，只有本着这样的心态，你的小心机才是无害的，你与客户最后达成的成交也就是各取所需的双赢。

类比式幽默，比出你的优越感

类比是指将两种在某些属性上相似或相同的事物联系在一起，而类比式幽默则正好相反，是要将两种或多种没有任何相似，互不相干的事物放在一起。高情商销售员常常会利用两者之间的差异造成不伦不类的效果，从而制造幽默。在销售中，销售员若能恰当地使用类比式幽默，那就如同行走江湖多了一件防身的法宝，对付未知的凶险也可胸有成竹，稳稳当当。

【实战案例】

沈明最近负责公司新品发布和推广，为了更加了解市场，他连续几日都在各个销售点转悠，有时还亲自穿上促销的工作服，战斗在销售的第一线。新产品上市最常用的手段就是打折和送赠品，沈明也不例外，可是东西便宜虽然能引起一阵不明真相的群众围观，但是否能推广开来，深入人心，就不好说了。

这不，沈明遇到的第一个阻碍，就是顾客对产品质量的怀疑。总有人来问："你们这东西这么便宜，真不真啊？"

销售员一般就老老实实地回答："当然真，而且我们是因为商家做活动，才这么划算，过了这几天就恢复原价了。"

顾客接着就问了原价，得知原价也比同类产品便宜一些后，心里依然犯嘀咕："便宜没好货。"

这种现象也很常见，并不是天下所有的顾客都喜欢便宜货，在生活水平日益提高的现代社会，人们对商品的质量要求往往大于对价格低廉的要求，甚至会觉得只要东西好，贵点也应该，还会因为东西价格低于心理预期而反过来质疑产品质量。

沈明对这种消费心理心知肚明，但他也知道，新产品上市比不过同类型老产品的知名度和群众基础，只能打价格战，并且销售员有必要消除顾客这方面的疑虑。

等再有人来问同样的问题时，沈明开着玩笑，又丝毫不示弱地回答道："谁说便宜就一定没好货？昂贵的也未必就是高贵的，骑马的也不一定就是王子，还有可能是唐僧呢。所以您看，这世上的事哪有那么绝对的。"

顾客听了觉得好笑，又觉得有道理，也就抛开成见，乐乐呵呵地享受难得的便宜产品了。

所以说，销售针对的是大众，不同商品面对不同的客户群，可只要是群体，就会有各种各样的心态存在，销售指南也不过是从群体的大多数人身上总结出一些一般规律，供人参考，可实际上呢，总有你想不到的地方，也总会碰到你计划外的人。不管情况如何变化，最保险的方法莫过于整体提升自己的情商水平，做到随机应变，也就一切尽在掌握之中了。

【实战点拨】

销售中，各种不可预测的状况都会发生，做任何准备都不能说是万全的，唯有不断提高自己的情商，时刻备上一颗善于幽默的心，方能时时保持从容。在合适的情况下，类比也可以就地取材，配合产品的推销，销售员如能熟练运用也算是一石二鸟之法。在实际工作中如何将类比式幽默运用得更好呢？

1. 学会联想

类比自然是由一种事物联系到另一种事物上，两种事物之间既有相似又无关联才能形成幽默的效果，这就要求我们脑洞要大，想象力要丰富，如果只拘泥在现实可感知的领域，也就没有出其不意，使人感到新鲜有趣的魅力了。类比属于比喻的范畴，那么喻体的选用就直接关系到类比的成功与否，如果想要达到很强的说服力，那么喻体就需要与本体相似度高，而如果想要增强幽默感，那么喻体越是夸张，越是与本体距离很远，反而越有效。

2. 把握时机

在销售环节中，类比式幽默需要时机，在恰当的时候运用会更有力度，尤其是在与目标客户有互动的情况下，使用起来比较流畅合理。如果只是自己单方面地传递信息，就没必要画蛇添足，只有当对方发出质疑或反对意见时，为了更形象地说明问题，借助适当的类比，让客户通过理解另外一件比较好理解的事情，来理解当下你的观点，并且是在幽默的处境之中，对方也就更愿意接受，相对于生硬的说教和强迫的灌输，幽默的解释显然更容易被接受。

3. 既是反驳，也是强调

在类比中，喻体的使用是为了强调本体，在销售中类比的运用也就是为了突出销售一方的观点，而一般来讲，这种需要强调自己、突出自己的时刻出现在客户方与你持相反意见时，或者是干脆对你提出质疑时，这样一来，销售员为了照顾“上帝”们的情绪不好直接反驳，就只能打迂回战术。因此，本质上来说，幽默有幽默的作用，类比有类比的目的，招数都不是白放的，销售员们也应当明白这一点，针对不同的状况，释放不同的技能，才能既解决问题，又不做无用功，浪费精力。

用夸张式幽默，轻松解除客户的戒备

夸张，是为了达到某种表达效果，对事物的形象、特征、作用等方面有意地夸大或者缩小的一种修辞方式。在销售过程中，高情商销售员常常会使用夸张式的幽默。他们充分利用自己的想象力，有效地在销售的过程中有目的地放大或缩小产品功能或者服务等方面的内容，利用自己的幽默逗得客户开怀大笑，从而感到身心放松的一种销售模式。

【实战案例】

青青从事保健品销售有些年头了，近些年来随着生活方式的不断变化，人们对健康的要求也越来越高，不仅老年人是青青的稳定客户人群，就连年轻人也加入到购买保健品的行列，成为青青的又一客户发展目标。为了应对不同年龄段甚至是不同性别的客户需求，公司推陈出新了各种各样的保健饮品，供消费者们选择使用。

今天店里来了两个小姑娘，本意是要给家里的老年人买保健品，在青青的介绍后，两个人都为家里的老年人购买了一个疗程的保健饮品。当二人结过账后，其中的一个小姑娘看到了柜台上陈列的公司刚推出的一款“俏丽”粉剂，青青便上前介绍说：“这款‘俏丽’粉剂是我们公司针对像你们这样的年轻女孩儿设计的，看你们都是大学生吧？”得到两个女孩儿的肯定之后，青青接着说：“现在的学生普遍压力比较大，在学校吃的饭也不如家里的有营养，许多小女孩儿都是亚健康的状态，我前段时间工作比较忙，感觉精神不太好，喝这个有两个星期了，你看我现在的皮肤是不是挺好？”两个女孩儿纷纷点头，表示自己学习压力确实很大，不仅上课提不起精神来，额头上还长了很多痘痘，就连皮肤也好像开始发黄了。

在听了两个女孩的抱怨之后，青青就请两个女孩儿坐下来，拿出了“俏丽”试用小包给两个女孩儿分别泡了一杯，趁两个女孩儿慢慢品味时，青青就说：“咱们这个产品味道清淡，很有助于改善年轻女孩儿的健康状况，哎哟，你脸上的痘痘怎么没了？！”青青说话一向幽默，两个女孩儿听了一时没反应过来，愣了一下然后抿嘴笑了，另一个女孩儿还仔细瞅了瞅同伴的脸，青青说：“你别看她，不是说老失眠吗？保你今天回去睡得叫都叫不起来！”本来两个女孩儿只是尝试性地喝喝，被青青这一逗，莫名觉得对青青有了一份信任，便每个人买了一盒拿回去喝，两个人开心的样子，仿佛已经看见了健康漂亮的那个自己在未来招手。

幽默是打开人与人之间障碍的最快通道，青青三言两语就把两个素不相识的姑娘逗笑了，并顺利地卖出了自己的产品。在以上案例中，青青使用到了扩大夸张和超前夸张两种幽默方式，一下子把女孩儿的青春痘说没了，一下子又让女孩儿联想到那个喝了一段时间产品之后的自己，在幽默中以客户喜闻乐见的方式突出了产品的功能和优势，不得不说是一次十分成功的销售。

【实战点拨】

夸张式的幽默是一种对事物言过其实的表达，但正是在这种言过其实之中，一笑一闹，调节了销售员与客户之间的气氛，增强了客户购买体验的趣味性。夸张不仅具有幽默性，同时也具有哲理性，因为夸张并不是虚假或者抛弃真实，高情商销售员运用夸张式幽默，是为了把产品或者是服务的理念更好地表达出来，它可以更好地展现我们产品的优点，以一种更加便捷的途径为我们的客户欣然接受。下面介绍三种夸张的方法：

1. 扩大夸张，释放产品优势

夸张的幽默最便捷的操作就是扩大夸张，把事实扩大夸张是销售员最能联想到的。比如当客户询问吹风机的风力有多大时，幽默的销售员如果来一句“看你这么瘦，估计能把你给吹走了”。这样的扩大夸张不仅能跟客户联系起来，还能营造一种滑稽搞笑的氛围。正常人都会知道吹风机把人吹走是不可能的，谁也不会去计较真实度，但是你已经通过这样的幽默把吹风机风力大的优势传达给客户了。

2. 缩小夸张，先抑后扬

当客户询问销售员某种商品的销售量或者是与价格质量相关的问题时，销售员可以利用缩小夸张法，故意贬低产品或者缩小其功能。当客户感到十分诧异的时候，突然把话锋一转，来个先抑后扬，把产品的实际优势稍加润色讲出来。比如在回答销量时说：“我们的产品今天没有卖出去几件，但是我们一个月卖出了五百多件。”这样的回答可以在客户的心里形成一个对产品形象的张力，先说不好再强调好，更能突出产品的现实效果，使产品在客户的心目中得到加分。

3. 超前夸张，唤起购买欲望

所谓超前夸张，具体在销售过程中可以理解为给客户营造一个已经购买过商品，得到商品体验的想象。试图让客户忘却他与产品之间的距离，把产品假想为客户的所有物，这样客户才能毫无顾忌地去感受产品，发现产品的优势，享受到产品的功能所在。比如卖房子的销售员就可以跟客户说：“你看你们家厨房真大啊，都可以当别的户型的客厅了！”这样的说辞更能使客户先入为主，唤起客户的购买欲望。

情商提升与实战

1. 情商拓展训练

道具：纸、笔。

人数：10 人以上。

方法：10 人分成 5 组，每组 2 人，其中，1 人扮演客户，1 人扮演客户服务人员。两人就某项长期合作展开交流。

规则：在交流过程中，分成 5 个阶段。在整个交流过程中，客户服务人员应持续地为客户讲笑话和滑稽表演。整个交流过程为 30 分钟。然后互换角色，进行练习。

目的：通过游戏，提高参与者的幽默感。

2. 情商情境分析

英国有些航空公司会为乘坐他们飞机的乘客提供开心一刻服务，如在长途飞行中播放幽默喜剧，或者让空乘服务人员扮演小丑给乘客表演节目。

问题：航空公司为什么要这样做?

3. 情商实战思考

假设你是一家公司的客户销售人员，在一个具体的面对面的客户服务场景里，当一个客户认为你所在的企业销售服务工作令他非常不满意时，你该如何采用幽默方式挽回?

参考答案

情商情境分析：给客户一个快乐的消费体验，是赢得回头客的因素之一。有些企业只把客户对产品质量的需求放在心上，忽视了在交易过程中客户的内心体验。让客户满意的要素很多，消费之外能获得更多的快乐，也是消费者所期待的。满足客户的这点需求，越来越成为一种销售新常态。

情商实战思考：一般来说，见面时往往这样说："您好，今天我是专门来向您了解贵公司对我们公司提供服务的一些需求情况，知道你们明确的计划和需求后，可以为你们提供更方便的服务，我们谈的时间大约只需要五分钟，您看可以吗？"但是，我们可以把话讲得更俏皮一点："西方人把顾客看成是上帝，在中国您是君我是臣，我今天见驾，就是想听听您这个君王对我们这些做臣子的所提供服务的需求情况，只有知道了您明确的计划和需求，才可以为您提供更方便的服务，我们谈的时间大约只需要五分钟，您可恩准？"

第七章 真诚赞美：适度赞美让销售氛围更融洽

世界上最华丽的语言就是赞美，适度的赞美不但可以拉近人与人之间的距离，更能够打开一个人的心扉。情商高的销售员都懂得，从人的心理本质上来看，被别人承认是一种基本的心理需求。作为一名销售员，既然知道顾客需要赞美，又何必吝啬我们的语言呢？

一点肯定，让客户更信任你的选择

在生活中，每个人身上都或多或少有一些闪光点，同时也或多或少有一些虚荣心，于是人们常常渴望他人关注到自己的优点，并由衷地称赞，因此每个人都喜欢听赞美的话，都喜欢得到来自他人的肯定。高情商销售员在与顾客交流时，会适时地利用肯定的语言来愉悦顾客的心情，从而打开顾客的心扉。

【实战案例】

小艾是某品牌化妆品的高级顾问，经常与客户面对面推销，多年来，总结了一套与人建立长期良好合作关系的经验。

起初，小艾觉得自己既然要卖东西，那就要突出自己产品的效果。比如有一次，她与一位女客户见面，对方原本对她推荐的一款遮瑕霜很感兴趣，小艾为了表示自己家产品的效果好、性价比高，一会儿说客户脸上色斑很重，这款遮瑕霜最适合她这样的情况，一会儿又说客户以前没眼光，买了很贵的东西也没有效果……聊着聊着，对方就忽然没了兴致，甚至开始怀疑小艾的话，反问道："一分价钱一分货，我之前用的 ×× 可是大品牌，有口皆碑的，贵的有道理，你这款要真这么好还便宜，怎么没有 ×× 知名度高呢？"

小艾被问得措手不及，一时不知道怎么反驳，只得先随口扯了几句搪塞过去，两人的交谈最终不欢而散。

其实用惯大品牌的女客户，对于挑选化妆品一定有自己的心得，小艾错就错在直接否定了客户的经验，让客户觉得自己失了面子，并且为了强调自己产品遮瑕效果好而直接指出客户的皮肤问题，也是非常容易令人内心产生抵触情绪的，尤其对于爱美的女士，哪怕她确实有明显的皮肤问题，也要注意措辞，最大程度地委婉表达才行。

后来小艾在经过多次失败后明白了一个道理，那就是无论对方皮肤好坏，漂不漂亮，一定要先夸上一番，再谈别的，万万不能用客户的不好来衬托自己产品的好，只能说“您本来就很好看了，用过自己产品之后会更加好看”。

在没有其他情感联系之下，赞美是最能拉近两人关系的方式之一，这个道理是非常简单的，无须多言，只要我们设身处地地想想就能知道，要想赢得一个人的心，就必须积极地去发现他身上的美，并热情地赞美出来。

【实战点拨】

高情商销售员都知道：赞美在销售中是绝对不能缺席的。销售员的目的就是让客户心悦诚服地与你达成交易，那么如何让他“心悦”，就是在整场交谈中需要格外注意的地方了，只要对方与你“相谈甚欢”，就算一次拿不下，往后还会有很多机会，但如果聊天都聊死了，那这个客户就相当于永远地失去了。取悦客户，是在销售活动中举足轻重的行为。所以，学会赞美是一个销售员的入门功课。

1. 放低自己的姿态

为什么要先放低自己的姿态呢？因为如果你以一个高姿态去接触他人，看到的都是别人不如你的地方，根本发现不了对方的优点，或者就算你看到了对方的闪光点，也会因为自己心态没有摆正而不屑于去赞美。一个人要想由衷地开口夸奖另一个人，一定是那个人身上的好，真的触动到了你，令你服气，那么试问一个骄傲的人又如何会轻易对他人感到服气呢？所以，当你决定做销售的那一刻，就要开始学习摆正自己与客户的位置，把自己摆得太高是注定无法诚心去赞美客户的。

2. 学会欣赏他人的优点

每个人身上都会有优点，只是有些优点很突出，很耀眼，能很容易被捕捉到，而有些优点则需要细心观察和体会才能感知到。销售员与客户的关系，时近时远，有时可以做成朋友，有时无非过客而已，如果能做到朋友的程度自然是最好的，长期的互动和相处中不愁你发现不了他的可人之处，也就无须发愁会缺乏交流的词汇和赞美对方的切入点；但在大多数情况下，客户更像是匆匆的过客，在你那里无论得到还是得不到需求的满足，都不会太长久地停留，你对客户的了解始终隔着一层，如果一定要有感情才愿意去由衷地称赞对方的话，那么你能夸奖的人怕是寥寥无几。因而，销售员要学会欣赏他人的优点，只要看得到的闪光点，不管多么微弱，都值得捕捉，不管多么稀疏平常，只要你强调出来，言语修饰一番，都足够令人笑逐颜开。

3. 一份简单的肯定

赞美无须多么华丽，一个简单的肯定就足够了，每一个优秀成熟的销售员都是语言大师，最善于用简洁朴素的词句触动人心。所以，赞美这件事，不必太繁琐、太书卷气，越日常、越接地气，他人接受起来就越轻松，越普通也就越显真实。

寻找赞美点，打开顾客封闭的心门

一些低情商销售员也会赞美顾客，但是他们赞美的话一出口，就给顾客一种虚假、不可靠的感觉。其实赞美顾客是需要理由的，我们不可能凭空制造一个点来赞美顾客，这个点一定是我们能够赞美的点。要有一个充分的理由来赞美你的顾客，这样的赞美顾客才更加容易接受，这样的赞美顾客才能从内心深处感受到你的真诚，即使这是一个美丽的谎言，顾客也是非常喜欢和乐于接受的。

【实战案例】

有一次，一个顾客在一款地砖面前驻留了很久，销售员走过去对顾客说："您的眼光真好，这款地砖是我们公司的主打产品，也是上个月的销售冠军。"顾客问道："多少钱一块啊？"导购说："这款瓷砖，折后的价格是150元一块。"顾客说："有点贵，还能便宜吗？"销售员说："您家在哪个小区？"顾客说："在东方绿洲。"导购说："东方绿洲应该是市里很不错的楼盘了，听说小区的绿化非常漂亮，而且室内的格局都非常不错，交通也很方便。买这么好的地方，我看就不用在乎多几个钱了吧？不过我们近期正在对东方绿洲和威尼斯城做一个促销活动，这次还真能给您一个团购价的优惠。”顾客兴奋地说：“可是我现在还没有拿到钥匙呢。没有具体的面积怎么办呢？”销售员说：“您要是现在就提货还优惠不成呢，我们按规定要达到20户以上才能享受优惠，今天加上您这一单才16户，还差4户。不过，您可以先交定金，我给您标上团购，等您面积出来了，再告诉我具体面积和数量。”

这样，顾客提前交了定金，两周之后，这个订单就算搞定了。

案例中的销售员先赞美顾客购买的小区非常的漂亮（实际上是夸客户的选择），再告诉客户不该省钱，让客户感觉到住这么好的小区再谈价钱有点惭愧，然后，再告诉客户我们正在做促销。“即使您不谈，我们也可以给您打折的。”这等于给客户额外的惊喜。如果您是顾客，您的感觉怎样？

【实战点拨】

在与顾客沟通的过程中，高情商销售员都会根据不同顾客、不同情景恰当地给予顾客赞扬，这样会让顾客感觉很舒心。然而，面对顾客，能不能通过观察在顾客身上寻找一个赞美点，是实施有效赞美的第一步。寻找赞美点，要注意以下两点：

1. 赞美顾客自身所具备的优点

作为销售员要发现顾客身上所具备的优点和长处，优点和长处正是我们大加赞美的地方。顾客的优点可以从多个方面来寻找，例如：顾客的事业、顾客的长相、顾客的举止、顾客的语言、顾客的家庭等等多个方面来进行赞美。当然这个赞美一定要是顾客的优点，只有赞美优点才能够让顾客感受到你是在赞美他，如果你不加判断地赞美了顾客的一个缺点的话，那么你的赞美只能适得其反。有时不好对顾客进行赞美，也可以用一下迂回的方式，比如有的服装店都是夫妻或结对、结伴来的，而女性购买服装很多情况下是男性付款的。在女性面前赞美一下她的丈夫是双方都很愿意听到的。而男性得到赞美后就会更加支持女性购买的决定，有时会达到女性尚未决定，男性已经把钱给付了的绝佳效果。

2. 赞美的亮点一定要符合实际

顾客的优点要是一个不争的事实，对于事实的赞美和陈述是销售员对事物的基本判断，会让顾客感觉到，你的赞美没有任何过度的地方，这样的赞美顾客更加容易心安理得地接受。

抓住时机，将赞美自然流露

高情商销售员在赞美顾客时，会用通俗的语言，在恰当的时间以一种自然而然的方式表达出来。如果你总是用非常华丽的词藻来说明一个生活中和工作中经常遇到的事情，那么我们就会认为你是一个太过做作的人，顾客对你的话的信任就会打一些折扣。对顾客的赞美要在适当的时机说出来，这个时候才会显得你的赞美是非常自然的，才能让顾客更容易接受销售员的意见和建议。

【实战案例】

中关村E世界L品牌电脑展厅，一对母女在挑选家用电脑。

女儿看见一款价格13600元的最新上市的高配置电脑，兴奋地指着电脑对母亲说：“妈，就是这台，小丽她们家配的就是这种蓝色外形、无线鼠标、带无线网卡双核功能的，我那天去小丽她们家了，摆在书桌上，特酷！妈，看，就是这种！”

母亲说：“怎么什么都是她们家的好！咱要清楚咱的目的，只要能上网、查资料、打字不就得了！你现在是大学生了，大学生要有自己的主见，别什么事都学人家！知道吗？”母亲显然对女儿挑中的机型不满，不满女儿字里行间对同学小丽的羡慕，不满女儿没有主见。

面对顾客母亲一连串对女儿的指责，销售人员待顾客刚说完，马上笑着接过话题："阿姨您口才真好！您讲话一套一套的，思路真清晰，有其母必有其女，怪不得女儿考上名牌大学！"再微笑着对女儿说，"妹妹真不简单，这么小就考上名牌大学！是不是大学同学大都用这种配置？妈妈说得对，有些过高的配置是针对职业人士设计的，一般的学习、娱乐还用不着。"

销售员又对妈妈说："不过阿姨，妹妹考虑的也有一定道理，太低的配置性能可能很一般，影响上网速度，而且用不了多久可能就淘汰了，多吃亏！所以，阿姨您要不看看这台，还预留了硬件升级的空间，价格又适中。"销售员为顾客选择了一款中档机。

母亲说："好，你给介绍一下这款机型的特点。"

这位销售员的情商很高，也很善于捕捉时机赞美顾客，顾客一说出对某种产品感兴趣时，马上赞美顾客，先让顾客开心，再针对顾客需求，给顾客推荐合适的产品，顺势成功销售。

【实战点拨】

销售员只有在恰当的时机赞美顾客，才会显得赞美是非常自然的，同时对于顾客的赞美可以适当地加入一些调侃的调料或目前的网络流行语、小品幽默语等，这样更加容易调节气氛，让顾客在心里感觉非常舒服，有句话叫花钱买享受。销售员用真诚去服务、去营造温馨的购物氛围时，顾客也会给予你发自内心的赞美。

销售员在赞美时，话要说得自自然然，不露痕迹，不要听起来过于生硬，更不能一视同仁，千篇一律。比如，上门拜访客户，在明知道大客户的领带是其夫人"钦定"的情况下，再夸上一句"××老板，您这条领带真棒！"简短的一句话，收到了一举两得的效果，既夸奖了客户的穿着得体，又称赞了客户的夫人挑选东西的眼光和品位。再举一个反例，在大客户联谊会上，客户经理对两位女客户都说"皮肤保养得真好"之类的称赞话，可能旁人在你的提醒下，会心生些许疑问："她们俩都保养得好，谁的更好呢？"此时，她们的脸可要接受更多目光的检阅了。

若还没有想好该怎样称赞别人，才能做到恰到好处，让说者高兴、听者舒服的话，那么，干脆免开尊口，沉默一会儿吧。

用事实说话，真心实意地赞美

赞美虽然是为了满足客户的虚荣心，取悦对方，但也要符合基本事实，如果你的赞美是睁眼说瞎话，客户觉得你所说的完全跟他没有关系，那你就算说出朵花来，人家也不会买这个账。销售是有一定法则的，但不能模式化，赞美也是有一定套路的，但前提一定要真心实意。一些低情商的销售员说出的话连他自己都不相信，他还指望让别人相信吗？那恐怕只能自欺欺人了。

【实战案例】

周沐在某品牌服装门店做导购，刚工作时总是不得要领，每次跟在顾客屁股后面一个劲儿地夸对方，穿这个好看，穿那个也好看，最后顾客不仅不领情，还总是一副不耐烦的样子，在店里转几圈就走了。

周沐常常感到纳闷，难道夸顾客还不对了吗？难道不是要让他们觉得自己穿这件衣服好看才会买吗？自己哪句话说的不对吗？

又有一次，一位女顾客进门来，随手拎起一条红色的裙子看，周沐走过去忙说："这是今年的新款，喜欢可以试试。"

顾客犹豫道："我不适合穿红色。"

周沐说："怎么会，我看姐气色这么好，穿红色肯定很好看。这款今年卖得最好，很显身材，还衬得人白。您可以先试试，试衣间就在那边……"

顾客咂嘴，摇头："算了，我就看看。"然后往里又走了走，拿了一件去了试衣间。过了一会儿出来在镜子前左看右看，似乎不很满意。周沐走过去说："姐穿这件多精神，还显瘦。"

顾客问道："有没有再大一号的？这件有点紧，肩膀不舒服，还显小肚子。”

周沐一想，这款是均码，没有大号，便不死心地说：“这就是修身款，大了就不好看了，您现在身上这件就正好，特别有气质。”

顾客想了想，回到试衣间换掉，最后还是没有买。

之后，这位顾客又选了一件要去试，周沐又在一旁夸她穿这个有多合适，全程围观的另一位导购有点看不下去了，拉了周沐到一旁，小声说：“你干嘛呢，夸人也要讲点实际，人顾客又不瞎，到底好不好看人自己看不出来吗？”

周沐听了有点懵，委屈道：“我还不是为了让她买嘛……”

同事好笑道：“谁也不可能整家店衣服都适合穿，你想赞美顾客从而鼓励对方消费这个思路是对的，但夸人还是要讲究个实事求是，你这样一股脑不分青红皂白地夸，人一听就觉得假，根本懒得理你，你还一直跟在人后面不停地叨叨，有意愿的人也被你给念跑了。”

这一番话毕，周沐终于恍然大悟，长久以来的困惑也瞬间烟消云散。

原来人不是爱听好听的话，而是爱听符合自己真实情况的好听的话，如果一番赞美与自己实际完全不符，那这赞美跟自己又有什么关系呢？更何况谁都有基本的自知之明，你说的到底是不是真心的，对方都能判断一二，若只是套路和模式，那么你的话再优美，听在顾客耳朵里，也就像一段生冷的吹嘘一样，丝毫走不到心里，而不走心的赞美，与废话无异。

【实战点拨】

高情商销售员在赞美顾客时都会遵循实事求是的原则，在赞美顾客时，一定要诚挚中肯，不能有拍马屁、阿谀奉承之嫌，要恰如其分。离开真诚二字，赞美就会变成虚情假意，称赞也将毫无意义，甚至会适得其反。

1. 赞美符合客户基本情况

任何赞美都要建立在基本事实之上，脱离实际的赞美虚无缥缈，让人摸不着头脑，被赞美的人也体会不到你的真诚，只会觉得你虚假。与客户建立情感联系为的是让他信任你，让他觉得你踏实可靠，愿意接受你的推销。如果你实在是不了解对方，找不到可赞美的点，那么只好告诉你，很多事若做不好宁愿不去做，无功无过也好过弄巧成拙。

2. 实事求是，但要善用措辞

人都不是完美的，赞美的话也大可不必说得太满，只要用词恰当，直言不讳反而更容易让人接受。这就考验一个销售员的语言魅力了，实话实说并给予更好的建议，将赞美的话不动声色地埋在事实中，会比直接生硬地夸奖更显真诚，比如“这件衣服不太适合你，你这么瘦，还是穿那件更有气质”。

3. 情绪跟上语言

赞美要发自内心，起码要让他人听上去是来自你的真心，这就不仅需要良好的语言能力，更需要情绪的熟练管理与支配。再好听的话，像小学生背课文一样说出来都丝毫没有感染力，客户听了反会觉得刺耳，感到莫名其妙：“这是在夸我么？语气怎么这么冷漠？”并且，人们常说情绪是会传染的，当你热情洋溢的时候，对方也会不自觉地跟上你的节奏，当你十分感叹地说：“哎哟，你最近又变美了！”听到这话的人就算并不确定你说的是真是假，也会不由自主地感到开心。所以，在不吝啬你悦耳的语言的同时，也请一定带上你热诚的情绪。

言之有物，具体的赞美客户更爱听

不管采用什么销售方法，销售员所说的话都要言之有物，空话等同于废话，浪费自己和他人的时间。高情商销售员会力求自己说的每一句话都起到作用，赞美也一样。如果你的夸奖太空泛，没有具体所指，没有确切对象，对听者来说就如同隔靴搔痒，永远切不到要害。就像听一首旋律过于平淡的歌曲，总觉得少了些直击内心的东西，不够尽兴，不够激动。

【实战案例】

于天在公司忙了一天，临下班时接到一通推销电话，对方介绍了一些公司要用到的材料。于天想，正好最近公司一直使用的一种原料调价了，出于成本的考虑，他本来就有点想换掉之前的，找一款同类型的产品替代了，于是就同意在下班后与那位销售员见面。

两人约在咖啡馆见面，来人很是热情，开口便道："于总辛苦了，下班了还操心着公司的事。"

于天笑笑，象征性地抱怨道："现在工作忙起来，哪有上班下班的概念。"

销售员又说："不过我看于总气色还好，经常锻炼吧。"

于天说："称不上经常，也就是早上跑跑步，有时间就去去健身房。"

销售说："您这观念就很好，工作越是忙越要注意身体，我看于总常年坐办公室，身材保持得还不错嘛。我得向您学习，我就是太懒了。"

于天听了，一边不好意思地笑道："哪有，也就那样。"一边在心里暗暗想，自己最近锻炼果然有效果。如此一来，一扫忙碌一天的疲惫，越发投入地与销售员聊起来。

两人谈了约莫半个小时，就愉快地达成了合作。

对于于天来说，下班之后还要处理工作的事本来是很令人烦恼的，这个时候与销售员见面多少情绪有些不高，所做的只是出于自己对工作的责任，并没有太大的热情在里面。销售员在这个时候考虑到了这一点，在见面的第一时间就先肯定了他的辛苦，肯定了他的劳动价值，潜台词里也是对其职业精神的称赞，这样的开场一下子就稳住了于天的情绪。而后，再通过表面的观察，自然而然地将话头过渡到气色与健康上。肯定他人的健康，是很多人普遍愿意接受的话，同时也是对于天这样的上班族最有效的赞扬。这也是销售员考虑到客户工作性质后，选择的最贴合人物的夸奖。于天听了这样的话甚至会在脑海里自动浮现自己的生活场景，联想到自己百忙之中抽空健身是多么的有收益，从而感到心满意足。在满足的情绪中，再看销售员就倍感亲切了。

从上述案例中，我们可以看出，一个销售员想要第一时间赢得客户的心，一定要会审时度势，将心比心，这样才能说出最契合客户心理的称赞，并把体贴的话说到对方的心窝里，真正做到说客户最想听的赞美。

【实战点拨】

赞美原本该是一首美妙的歌，若歌词空洞无味，不知所云，对人的抚慰作用就大打折扣。因此，有针对性的、具体指向的赞美，效果更佳，客户更爱听，因为它们显示了你的真实用心，客户在你那里得到了实实在在的肯定，自然就愿意与你更进一步交流。情商高的销售员是如何具体地称赞客户的呢？

1. 从细节入手

越是宽泛的东西越没有说服力，因为它包含的意义太多，可指代的对象也多，而人们通常想要听到专属于自己的赞美，这就要求销售员学会从细节入手，贴着客户的实际走。人们通常仔仔细细地收拾自己的言行举止，吃穿用度，也听多了大体上的体面话，已经有了一定的抵抗力，你再去描述轮廓已经没有什么力度。客户来到你面前，你若说太多他在别处也能听到的话，那么你的话就相当于没说一样，若你能说出一般人说不出的，或不愿费心去寻找的细枝末节，那你一定能在客户心中留下深刻的印象。

2. 越是不起眼的，越能击中人心

不起眼的事物有时并不是没有价值，没有光芒，只是无心人视而不见罢了，但有心人则不会轻易放过。世上无心人又总是大大地多于有心人，所以物以稀为贵，越没有人发现，而你发现了，就是你眼光独到，就是你行为珍贵。销售中最讨巧的莫过于做大多数人不曾做过的事，说大多数人不会说的话。人人都吆喝一样的词，那是在卖广告，而你近距离接触真实的客户，就不能死板，留意那些连客户自己都不太在意的地方，并表示由衷的欣赏，任谁都不会再怀疑你的真心。

3. 结论要有理有据

当然，赞美有时就是一句话的事，日常生活中的各种场景里，充斥着各式各样不负责任的赞美句式，其他人也许可以不用那么严谨，但销售员说出的赞美还是要认真对待，毕竟你说的话直接关系到你的销售额，关系到眼前的人愿不愿意与你为了成交达成共识，所以，这里不得不说，不要贪图一时爽快赞了没有根据的美，千万不要在你吊起人家的胃口，人家充满期待地反问你一句“真的吗”时，你圆不上自己的话，讲不出个道理和依据，让客户最后只好讪讪地收回那释放出去的半截开心，顺便再对你降上一降那脆弱的好感度。

掌握尺度，赞美也是技术活

好听的话也要中肯，所谓物极必反。再好听的话，一旦说得太满太过就会变得刺耳，豁达的人可能也就不在意了，只当你客气过头了，敏感的人却难免多想一层，说不定就将一份赞美想变了味，效果也就适得其反了。万事都要讲究个度，赞美也一样，点到为止才更加突显高情商。

【实战案例】

茜茜在朋友圈中是公认的“嘴甜”，最会夸人，再平淡无奇的事物也能被她讲得特别具有吸引力。她平日里跟闺蜜们也是经常性地“商业互吹”，茜茜觉得人嘛，最主要的就是开心，和朋友互相吹捧也是一种乐趣。久而久之，就养成了一些语言上的习惯，在工作中也表现得淋漓尽致。

有一次，她约一位客户谈生意，对方请她到自己的工作室见面，茜茜到了地方，一进屋环顾了一圈就情不自禁地大声赞叹道：“陈老板好品位啊！你们这工作室装修得可真漂亮！”工作室在场的工作人员都被她吓了一跳，陈老板走过来“哈哈”笑了两声，忙将她请到里面坐。

两人坐定还没开始谈正事，茜茜像是意犹未尽似的，继续不遗余力地夸奖对方——客户给她泡茶，她说：“陈老板文化人啊，还会品茶哪，哎哟，看这个茶盏真雅致。”客户谈起行业前景，她说：“您这工作室员工不少啊，陈老板可是我见过这行里最风生水起的大老板了。”看到客户办公桌上的家庭照，她说：“陈老板都有孩子了，真看不出来，这么年轻，就家庭事业双丰收了，佩服佩服……”

十分钟过后，客户终于按捺不住，忙止住了茜茜的“热情”，强行把话题拉到生意上，可是茜茜浑然不觉自己吹捧过了度，整场谈话中一直保持着一副对客户崇拜的模样，陈老板最终觉得她说话太浮夸，想必人也不实在，没有与之成交。

交易失败后，茜茜许久都没有想明白，自己做错了什么。

赞美虽然是个好东西，但也要分场合和时机，更要有节制。茜茜夸张式的赞美，在了解她的熟人面前还可行，知道这不过是她说话的一种习惯，不影响对她的判断，但在相对陌生的客户面前就显得过了，尤其是一进门还没有被环境接纳，就过于高调地一通赞赏，会让人摸不着头脑，可以想象，当时工作室中的其他人会怎么想——“这人是谁？有病吧。”

后来的谈话中，茜茜为了表达自己对对方的欣赏，真真地做到了对客户的“360度全方位立体环绕”式赞美，夸得客户都听不下去，主动将话题拉回正事上，实在是不容易，场面令人哭笑不得。正所谓，再好吃的饭，天天吃总有吃腻的一天，再好听的话反复说一直说，就会失去了它原有的力量。这样使用赞美完全是与销售初衷背道而驰，结果自然是失望。

【实战点拨】

在销售中，其实赞美与“拍马屁”之间的界限非常微妙，想把握好尺度，就要看销售员的情商了。当销售员面对一个客户时，可能并不十分了解他的为人与品性，那么销售员想要去赞美客户的话大多都比较浮于表面。这样的情况下虽然不妨碍你讲出真诚的话语，但怕就怕有些人会搞错方式，没有尺度。要做到说话有“尺”，赞美有“度”，需要做到以下几个方面：

1. 适度原则

凡事都讲究个适度，正所谓物极必反，好的达到一个极致也会开始走下坡。赞美也是，销售员想要通过赞美来博取客户的好感，一定要注意分寸的拿捏，适可而止即可，大可不必做得太过火，好词儿也要省着点用，说得多了就显得廉价了。更何况对整个推销过程来说，赞美只是修饰，一场谈话的重心还是得在和产品有关的内容上，销售员切记不要顾此失彼，因小失大。

2. 从恭维到赞美的距离

赞美是谁都爱听，恭维就不一定了。有些人性格自大一些，喜欢被人捧着，再加上后天环境的允许，耳朵就给养刁了，遇上这种人，确实可以加大马力，随便吹嘘，人铁定乐呵呵地照单全收。但要是碰上性格严谨，低调谦虚的，你这样的行为就会惹人讨厌。可是销售员初见客户又怎么知道他什么本质呢？所以，还是把说出口的话仔细斟酌几番，框进一定的尺度中，宁愿说得不尽兴，也不能说得掉了自己的价，让客户误会了人品，毕竟有所保留还可以加以补充，倾尽全力却很可能覆水难收。

3. 不卑不亢，自信专业

俗话说“顾客是上帝”，可我们还是要从“上帝”身上盈利，销售员也是在出售自己的劳动，人与人之间地位是平等的。虽说要放低姿态，也是为了去发现他人的美，而不是为了把每一个客户都当成偶像，把自己低入了尘埃。其实大多数人都还是更喜欢同水平的较量，面对一个爱妄自菲薄的人，还是会感到无奈，如果你贬低自己到连客户都看不下去了，那一定不是什么好事。同理，“把客户当爸爸”也只是一种自嘲的玩笑，实际上，客户可并不一定会喜欢没有一点儿主见和立场的合作伙伴。如果你真的那么弱，还怎么让人相信你推销的质量？还怎么让人放心依赖你提供的后续服务？相反，只有你有足够强大的专业眼光，你的赞美才会更有力度。

抛开赞美剧本，随机应变更得客户心

赞美的话如果事先准备好，总会显得不那么自然。虽然说，销售员要在与客户见面前就做好充分的准备，有时甚至会提前在头脑中幻想可能发生的场景，客户可能会说到的话，然后对应着练习，以便自己在真正交涉时能表现得更加得体、熟练，但是，真正操作起来并不会像想象中的那样完美。高情商销售员并没有费尽心思做练习，而是将技巧化为习惯，在生活中随时运用，形成一种无意识的自觉，而在面对客户时，惯性的行为就会走在意识的前面，并会表现得相当流畅天然。

【实战案例】

小唐最开始做销售时，担心自己和客户交谈时会冷场，常常事先准备一些套话，记在小本子上，每当与人聊着聊着不知说什么好时，就偷偷瞄几眼，再赶紧接上，虽然成功挽救了谈话热度，但那些话难免显得突兀，有时候说出口连小唐自己都觉得难为情，更不用说客户的感受了。

在意识到自己这方面的缺陷后，小唐在平时生活中更加努力练习与人聊天，总结了许多心得记了一本子，还经常把工作状态带到与家人和朋友的相处中，惹得身边的朋友叫苦不迭，纷纷向她抱怨道："小唐同学，还能不能愉快地玩耍了？"

一次，朋友小叶实在受不了她照本宣科的聊天模式，直截了当地说："你再这样会没有朋友的！怎么夸我一句今天衣服很漂亮的话，你都要翻你的笔记吗？你该不会是傻吧？"

小唐抱歉地笑笑，回道："没办法，我是想把这些话练得更自然，否则见客户时怎么说都拗口。我现在实战经历少，只好拿你们熟人模拟了，你就当帮我忙了呗。"

小叶困惑道："我知道你们做销售的有专门的话术，听说很厉害啊，可是你学了那些，怎么连正常的沟通都不会了？"

小唐愣了一下，忽然意识到了一些问题，喃喃着："是啊，我怎么越学越不会说话呢？"想了一会儿，坦白道："我这个人嘴笨，最不会夸人，你说我除了提前背些词儿，还能怎么办呢？"

小叶无奈地笑笑，说："我并没觉得你不会夸人啊，只不过语言朴素了点，次数少了一点罢了，而且说者无意听者有心啊，每次你不经意夸我时，我都特别开心呢。如果你觉得自己在面对客户时总想不起来怎么赞美对方，更不能靠笔记，要靠生活积累。"小叶顿了一下，半开玩笑道，"这样吧，以后每次见我先夸我一通，我来替你把关，一直把我夸高兴了才算过关，怎么样？"

小唐觉得这个办法虽然玩笑了些，但确实能解决自己现阶段的问题，于是就愉快地答应了。以后不论是家人朋友还是普通同事，小唐总会让自己的注意力集中在对方的好处上，然后奋力地遣词造句，不把人夸得乐出声来不罢休，比如看到同事新烫了头发，就会说："你这样真好看，这个发型最近好火，可惜挑脸型，我就驾驭不了，还是脸小好啊……”或者朋友升了职，就会说：“我就知道以你的聪明才智，早晚要干大事的！”再或者，亲戚在朋友圈晒娃，她就会评论说：“真是美人坯子，跟她妈妈一样。”如此一段时间，小唐身边的人都不约而同地惊叹道：“这孩子现在嘴跟抹了蜜似的，越来越招人喜欢了。”

在生活中培养情商，才能将情商在生活中应用得得心应手。案例中小唐就是典型的例子，相信再见客户时小唐夸人的技巧自然能够信手拈来了。

【实战点拨】

煞费苦心准备的赞美台词，真到了用的时候剧情却不一定按照你预想的发展，还不如抛弃剧本，用心感受当下，就地取材，见机而作，是谓“无招胜有招”也。如何抛开赞美话术，让自己的赞美能够信手拈来呢？

1. 养成赞扬他人的好习惯

销售工作中遇到的人形形色色，如果赞美人总是按照一个剧本来难免会显得刻意。如果能养成一个随时赞美他人的习惯，销售员们就不用再为临场搜肠刮肚地编词而烦恼了。高情商销售员都有一个共同特征：称赞别人多于批评。而我们也都爱同这样的人相处，因为这些人的称赞显得很自然，不刻意。销售员就需要这样的性格。

2. 保持一颗欣赏他人的心

高情商销售员都有一颗欣赏他人的心。一个人如果总是以找茬的心去跟人相处，说出来的话难免像利剑一样刺人。而有一颗欣赏他人的心，那么说出来的话就像是棉花糖，软软糯糯的，让人觉得舒服。销售，这种依靠人性与语言的职业，虚情假意终不长久，当你心存善意时，自然包容得了许多不如意的地方，言语也就随之柔软宜人了。

赞美的话，应该是客户的专属专享

高情商销售员在称赞客户时，都不是千篇一律的，而是针对不同的客户“量身定做”不同的说词。听起来，这很难，毕竟销售员又不是文学家，词汇量本就有限，还不能背模板，说套话，着实难为了一个只想安安静静卖东西的人。但是，俗话也说了，“世上无难事，只怕有心人”，做任何行业都是如此，并不求起点多高，只要在过程中扎扎实实地锻炼，经验总会弥补天赋的缺乏，情商也会在身经百战中淬炼出来。只要留心见过的每一个人，你就会发现，人与人之间是有差异，却并没有你想象中的那么无法掌控。

【实战案例】

陈捷最近觉得自己的销售生涯遇到了瓶颈——虽然比新入行时成熟很多，业绩也较稳定，但却难再提高。这样不好不坏的状态逐渐让陈捷对自己的职业生涯产生怀疑，工作热情也大不如前。

有一次，她与一位男客户见面，两人聊了几分钟，始终是不温不火的状态，对方甚至开始心不在焉地看手机回微信消息。陈捷心里焦急，又不知怎么用产品吸引对方的注意力，便想要先整点好听的话取悦一下客户，挽回一下场面。

“您手机壳挺好看啊，哪买的？”陈捷套近乎道。

客户茫然地抬起头，看了看自己的手机壳，说：“哦……还行吧，用挺久了，我也忘了哪买的了。”

陈捷也意识到自己的话说得有毛病，只得尴尬地笑了笑，勉强继续接道：“挺有品位嘛。”心里却暗暗打自己嘴巴：问得什么破问题，男女审美能一样吗？

两人又淡淡地说了几句，客户起身打算走了，陈捷瞄到了对方手里的车钥匙，临时加了一句：“路虎揽胜啊，听说很不错，我们家那位也一直向往这车。”

客户笑道："是吗？那你得支持。"

"哦？既然您都这么说了，看来是真不错。"陈捷看到对方因为这句话感到高兴了，终于知道自己取悦法的切入点是什么了，于是便凭借着自己"微薄"的见识，一边询问对方意见，一边连连赞叹对方的品位和见地，两人边走边聊，重新热络起来。

谈话场面回暖，陈捷也顺利拿下了这位客户。事后她反思了这场会面中自己的整个失误和挽救的过程，发现自己的瓶颈所在原来是赞美的套路太普通了，虽然不会出错，但也不能击中人的内心，客户听了跟没听一样。而想要真正触及客户的心，就必须说出他最想要听到的赞扬。

因为每个人的特质不同，在内心深处想要被肯定的地方也就都不一样，就好比有人为自己的身材而感到骄傲，你却一直夸他的穿着，肯定得不到他激动的反馈。而如果你赞美的地方恰好是他想要让别人看到的优点，那么你的话就"正中他怀"，皆大欢喜。

【实战点拨】

人们对于赞美的渴求也不都是一样的，因为自身特质的缘故，每个人都对自己有不同的期许，相应地，想要被他人肯定的地方也就不同。那么该如何提高情商，随时向客户表达专属专享于他的赞美之词呢，你可以从以下几方面入手：

1. 学会总结，无论成败

我们无法预先知道自己职业生涯中会遇到多少人，每个人都是什么样的性格，什么样的喜好，我们唯一可以知道的是，当你踏入销售行业时就要做好心理准备，无论遇到什么样的人都不要躲避，直面他，驾驭他。有些人幸运，遇上的都是客气的，有些人倒霉，就难免遇上奇葩，因此，销售员想要成长，就需要对过往做好总结，失败了总结失败的原因："为什么我这样赞美他不买账？"成功了也要总结成功的原因："原来这样的人这么夸他就会很受用。"经历得多了，判断力就准确了，见过的人多了，对人性的了解就更深入了，总结得多了，情商自然就高了。

2. 先模仿，再自成一派

做什么事起步时都会生涩，把握不好方向和尺度，容易张冠李戴，对着开朗的人含蓄，对着内敛的人奔放。因此任何学习的事都是从模仿开始的，看别人怎么做，自己照着做总不会有错，销售员入门技能的训练和学习是必要的。但是一个优秀的销售员绝不是都靠书本上的技能成功的，而是在基础能力之上，凭借自己对事物的理解，对人心的揣摩，修炼出自成一派的本事。赞美这项技能最开始也是鹦鹉学舌，跟着前辈看看他们是怎么夸人的，看看工具书上是怎么教导的，只是后来，进入工作之中，专心的和每一位客户打交道时，你发现原来自己可以自由操作的空间是那么大，是成是败最终全凭你自己做到什么程度。所以说，什么都不会时，要善于模仿学习，但当你觉得自己可以了，就完全不必再墨守成规，毕竟套路是死的，人是活的。

3. 掌握一般规律，降低失误率

如果实在达不到“见什么人说什么话”的境界，那起码要掌握一些一般规律，降低自己失误的概率。比如，女性客户爱听什么样的赞美，男性客户爱听什么样的赞美；每个年龄阶段的人爱听什么样的赞美；各行各业的人都爱听什么样的赞美；结了婚的有孩子的爱听什么样的赞美……这些问题是可以提前准备清楚的，实战中可以以它们为切入点，继而再摸索更具体更有针对性的，也就万无一失了。

情商提升与实战

1. 情商拓展训练

道具：卡片、笔。

人数：不限，两人以上。

方法：将所有的人分成每 2 人一组，一方模拟客户，另一方模拟维修站的服务人员。

规则：模拟客户的一方列举出产品的各项问题，要求予以完整解答；模拟维修的服务人员必须耐心细致地一一回答，中途不可以出现不耐烦、不热心等情况。时间为 30 分钟。然后互换角色，进行练习。

目的：通过游戏，培养游戏参与者换位考虑问题的能力。能够急客户所急、想客户所想并非天生就能做到，情商是通过后天培养的，通过良好的训练，每个客户服务人员都能达到这种水平，以宽容、热忱的心对待每一个客户。

2. 情商情境分析

有一天，一家手机专卖店接到这样的一个投诉电话。

客户："是这样，我的手机这两天一接电话就断线……"

服务人员 B："那你是不是在地下室，所以收不好呀。"

客户："不是，我在大街上都断线，好多次了……"

服务人员 B："那是不是你的手机有问题呀？我们不可能出现这种问题！"

客户："我的手机才买了三个月，不可能出问题呀。"

服务人员 B："是不是你没有正确地使用手机，总之我们店里卖出的手机质量上肯定不会出这样的问题的。"

客户（明显生气了）："你怎么说话呢……"

问题：这个案例中，代号为 B 的客户服务人员做错了什么？

3. 情商实战思考

设想你是某公司的售后服务人员，有一次，你接到一位外地用户气冲冲地打来的投诉电话时，还没有说自己想要解决的事情，就劈头盖脸地将你所在的公司骂了一通，这时，你该怎么处理？

参考答案

情商情境分析：在客户投诉的处理过程当中，客户服务人员表现得毫不关心，而是在不断打断客户的话。高情商销售员都明白，这时客户需要一个倾诉机会，需要有一个倾听者，能够理解他，同情他，帮助他。而这位客户服务人员都没有做到。

情商实战思考：和客户打交道时，当对方的矛头直指向你或者你所在公司的产品时，切记不要和客户产生争执，要考虑到客户有可能真的是有什么很极端的事情才会生气。这时候，要考虑到客户的感受，你可以微笑着对用户说："对不起，请您稍许平静下来好吗？对于您遇到的不平之事，我非常能够理解，您看这样行不行，说一下您究竟遇到了什么事？"

第八章 熟知人性：服务客户遵循心理学规律

俗话说："知己知彼，百战不殆。"销售人员在与顾客交流的过程中，必须对顾客的购买心理了如指掌，因为充分了解和掌握顾客的购买心理是促成销售的重要因素。每个人因自身的经济条件、生活习惯、性格爱好、文化水平、民族宗教等的不同，表现出不同的购买心理。高情商销售人员会在实践中不断对客户的购买心理进行研究分析，根据每个人的不同情况采用不同的销售方法。

给足面子，男顾客往往爱面子

了解顾客需求，是高情商销售员的重要方面。对于男客户来讲，他们的需求是什么呢？男人不管是出于自尊还是虚荣，都是爱面子的。他们总是希望自己在他人眼中是个成功者的形象，因而他们追求品牌效应的心理就非常强烈。当有一天，你面对男顾客不知所措时，不妨拿出名牌的商品来，说不定你的推销成功就要来临了。

【实战案例】

星期六的早晨，大卫让员工小王把一箱刚进的衣服挂出去，分别列在橱窗的两侧，把颜色好的单挂了出来，摆完之后，大卫让小王在每件衣服上放一个价签。一个价签上是120元人民币，另一个价签写上240元人民币。小王不解地问："这是为什么？这些衣服都来自同一个厂家，并且质量也都一样，而价钱差别这么多，顾客能买吗？"大卫回答："每一种产品总会有一种以上的市场需要。"

后来，小王发现了，客户不一定都选择最便宜的，有的男顾客看见价格便宜的，很是不屑一顾，他们觉得价钱高说明牌子好。甚至连比较一下都懒得做。他们常常会花大钱购买衣服，而且这种男士大有人在。

同一种商品，紧挨着摆成两排，标上不同的价格，但有人就是愿意买贵一点的，为什么？小王很不解，大卫顺利地卖掉了240元一件的衣服，而那些价格标得低的却成了积压货。后来，有经验的大卫给小王解释说："有的客户，尤其是男客户，更愿意买贵一点的东西，他们觉得那是他们最好的选择，他们认为这种价格高一点的衣服，质量更好，穿上去也气派。知道吗，他们不仅是在买商品，同时也是在买满足感。"

巧妙地利用名牌来吸引男顾客的目光，是销售技巧中最常见的，也是很有效的。当然，一种产品卖不同价格是有失公允的，抛开它消极的一面不谈，但最起码说明大卫掌握了男顾客的一种心理需求。从这方面来看，他的销售技巧是成功的，并且获益匪浅。

【实战点拨】

高情商销售员都善于揣摩顾客心理，并不惜改变自己去适应他。投其所好，是抓住客户的关键之一。

在男人看来，名牌是一个人的身份、地位、修养、品位和成功的象征。男士们一般出入的场合都是比较正规的，所以对于服装的搭配要求也是比较高的。此时切忌用价格战来吸引他。首先要了解男士买东西的心理，他们大多都是比较偏重于名牌的，至于价格，在这类人群当中，一般不起太大的作用。

名牌产品一般来说比较能揽住男顾客的心。假如进你店里的是一位风度翩翩的男人，你向他介绍说你的产品是假货，但是价钱比市场上的真品便宜得多，相信这位男士不但不会买你的东西，而且会觉得自己待在你这个店里有失身份，你在亵渎他，他会逃也似的溜掉。

对待这样的男性顾客群体，应该多观察他们的购买动机和喜欢哪一种档次的品牌。做到有的放矢。

顾客是多种多样的，喜好也有所不同，不要盲目地把自己觉得卖得不错的产品强加给顾客。这样做不但不会共享交易的快乐，反而会让顾客觉得不舒服。作为销售员要不断提高自己的情商，多了解顾客需求的差异，更好地向顾客推荐适合的产品。

用对“高帽子”，给予客户荣耀感

人在很多时候需要用荣耀感来满足自己。尤其是有身份、有地位的人，假如你在成交之前给他戴一顶高帽子，特别是当客户的很多熟人都在场的时候，那么，你的成功率就非常大了。高情商销售员总会在不经意间利用这种技巧吸引顾客消费。

【实战案例】

艾威尔是一家公司老板，戴卫是一家销售多功能打印机的推销员。一天戴卫约好时间，到艾威尔公司去洽谈业务，这已不是他第一次来这里了，并且也不止一次地向艾威尔推销，艾威尔始终以种种理由拒戴卫于门外。这一次，戴卫做好了充分的心理准备，决定在艾威尔面前出色表现一把。也许是艾威尔经不住戴卫的再三纠缠，终于决定和他谈一次。

当戴卫进入艾威尔公司时，前台小姐告诉他，老板正在开会，请他稍等一下，但是戴卫说：“艾威尔先生让我这个时间准时到的。”

于是，前台小姐拨通了电话，说有位戴卫先生急着见您。通报之后，前台小姐领着他到了一个房间的门口，说：“请进吧。”

戴卫敲门进去的时候，以为自己走错了房间，原来他进的是一间大会议室，里面正在开每周例会。“进来”，戴卫听到了这个声音，才知道自己没有走错门。他看到了艾威尔坐在会议室的那头。戴卫害怕了，不知道艾威尔葫芦里卖的是什么药，是不是故意想出他的洋相？既来之则安之，戴卫干脆一不做二不休地找了一个位子坐了下来。

戴卫听完了他们会议的结尾部分。最后，艾威尔对大家说：“这位戴卫先生是向我推销他的多功能打印机的。我觉得对于我们来说没有用，我们以前用的不是好好的吗？有没有必要再浪费钱去另外购买新的？请大家听听他的介绍，顺便帮我参谋一下。”说到这里，会议室里的人都把目光移到了戴卫身上。这时戴卫终于明白了他的用意：“他想以此办法，阻止我以后再来打搅他。”

但戴卫并没有被这种阵式吓退，他开始有针对性地进行了简单介绍：“我们的产品是目前最先进的，功能比原来多了几倍，并具有多种语言转换功能……”介绍完之后，戴卫把目光转向了老板艾威尔，并提高声音说道：

“艾威尔先生是很有魄力，又很有品位的，他作为这么大一个公司的老板，没有单独决定购买我的多功能打印机，而是利用大家开会时间把我约来，目的一定是征求大家的意见。我知道，艾威尔老板应该会使用这种先进的产品，因为他需要更快捷的工具来辅助他的工作，像他这样具有显赫身份的人，都在用我们的产品。我相信，这种新产品会给艾威尔先生和贵公司创造高效率的。”

戴卫的这番话确实也感动了艾威尔，员工也不好意思再说什么，并且认为老板的民主意识够高的了。

戴卫成功了，艾威尔和他签了订单。这是戴卫没有想到的结果，他的这次成功，一直以来都让他引以为傲。

这个例子巧妙地运用了“贵人用贵物”的戴“高帽”方法，一来让对方觉得自己是功成名就的显赫人物；二来也让他在员工面前发扬了民主。戴卫给那位老板戴的帽子很高，并从言语中让他觉得不买就没了面子。其实，只要这类顾客的荣耀感的按钮操纵在你的手里，当然就等于握紧了他的购买命脉。

【实战点拨】

在销售过程中，给顾客戴“高帽”对于成交是非常有帮助的。如何将“高帽子”巧妙地戴到顾客的头上，则需要销售员有较高的情商。那么高情商销售员是如何做的呢？下面我们就来学习一下吧：

1.“高帽子”要戴得真诚合理

捧顾客必须得是真诚的，不能应付了事，如果千篇一律地捧顾客，会直接引起顾客的反感，加速顾客的离开。捧顾客的时候，一方面要切合实际，另一方面要合理。

2. 不同的人戴不同的“高帽子”

销售人员每天接触的都是陌生人，那么对陌生人应该这样戴“高帽”：可以从他的职业、现在所处的环境等加以合理的赞美。当销售人员遇到一位教师时，可以这样夸："您这份工作真的是太好了，学生放假，您也放假，而且待遇比我们都高，最重要的是这个职业受人尊重。"

任何一位销售员，要想赢得最大的利益，必须想出能使不同群体的顾客接受你的理由，然后心悦诚服地自动掏腰包，并倍感荣幸地能和你成交，那才是真正的高情商销售员。单就顾客而言，这种以荣耀感来打动他的方法就不失为很有效的促销技巧。

运用从众心理，用时尚引领客户

所谓从众心理即是个人的观念与行动由于受群体的引导或压力影响，不加分析地接受多数人认同的观点或参与行动的一种心理，即大家所说的"随大流"。一般来说，人们的行动会跟随群体的倾向，表现在消费方面就是当一些人说某种商品好时，会有很多人跟风购买。即使他们不知道这种商品质量究竟好不好，但只要跟着大家一起购买，心里总有一种满足感和安全感。

【实战案例】

客户："关键是这种衣服到底适不适合我，而且我不知道穿上去舒不舒服，最重要的是我买回去到底会不会穿。"

销售员："肯定舒服啊！这是今年最流行的款式。"

客户："额……我觉得还是回去和朋友商量一下再做决定。"

销售员："人家怎么能决定你喜欢不喜欢这件衣服，它现在是最流行的啊！难道你不怕等下次再来时，衣服被别人买走了吗？"

客户："怎么会，我觉得这样的衣服应该没有人敢穿出去。"

销售员："你知道韩国名星 ×× 吗？她前几天做采访时穿的就是这件衣

服，穿出来的效果真的很好看，据说，当时她正为这家服饰公司做宣传。现在许多的女孩对这种款式都比较喜欢，由于路程遥远，到现在才传到咱们这儿，况且，我们店是厂家直销，第一个进的他们的货。”

客户：“是吗？哪一期节目？”

销售员：“就是上个星期日的电视 × 套，你在网上搜一下一定也会看到。不如这样，你先买下，回去再上网对比一下，看看是不是和这件衣服相似。”（在这时你一定要有依据，确实得真有这一回事）

客户：“真的假的啊！这件衣服多少钱呢？”

销售员：“当然是真的啊！很便宜的，只要 260 元。如果穿着好的话，再介绍其他朋友过来呀。”

这笔买卖总算是成交了，但是用这种方法时，你一定要确定你所说的某位明星穿过是事实。如果记不清是谁或者是在什么地方见过，不妨用“好像是 ××，在 ×× 地方，看我这记性，的确是记不清楚了。”用这种方法不仅可以激起顾客追求时尚的心理，同时还会让她们觉得：“连明星都穿过这样的衣服，肯定是非常时尚的。”

【实战点拨】

当遇到顾客说“不急”“现在还不想买”等等拒绝语句的时候，其实他们是有自己的一些顾虑：这质量有保障吗？如果质量不行的话，那买了岂不是太亏了。如果这时你说“现在的明星都穿这种衣服了”，或者“现在那些时尚女孩子都买了”，那么效果就会完全不同了，如果这时你推销的对象是一个比较年轻的时尚女孩。那么成功的可能性就八九不离十了。

高情商销售员经常会用从众心理去吸引顾客的目光和购买的冲动，在销售中，他们通常会利用一些偶像明星在人们心中的影响力和追求时尚的心理来达成销售的目的。那么高情商销售员具体是如何操作的呢？

（1）销售员能够巧妙地利用顾客的崇拜心理，请人们心中的偶像或者是名模为产品进行代言推广，从而达成交易目的。对偶像盲目地追随，在女性消费群中占不小的比例，用偶像的魅力来感染客户，从而极大地激发顾客购买商品的欲望。比如穿上这种衣服自己就和心目中的偶像有接近的感觉；用上这种商品，会觉得自己一下子提高了许多档次，并且自我感觉良好。

（2）销售员在介绍商品时，强调著名影星 ×× 穿的就是这个牌子，会达到较好的销售效果。从众心理趋向相当不好捉摸，尤其是当你面对顾客时，她试来试去，挑挑拣拣，即使你觉得这种商品对她确实是蛮不错的，但是最后她还是用各种各样站不住脚的理由来推辞。不管她说的是真心话还是故意找的借口，你都应该注意她那微妙的心理趋向，假如你的顾客是一个追求时尚流行的女人，那么，你不妨强调有某某时尚模特或影星就喜欢用这样的衣服或首饰，或者说现在时尚的女孩子都在穿这种料子的衣服，那么，她就会义无反顾地买下。

（3）虽然利用这种心理有利于商品的销售，但是从长远看，从众心理可以吸引顾客购买一次，甚至两次，但如果你的商品并不是货真价实，最后还是不能留住顾客，而且还有可能会失去人心。所以，只有在保证商品和服务质量的前提下，对从众心理的利用才能发挥更大作用。

怀旧商品，容易打动恋旧的顾客

高情商销售员越来越意识到：现在有些消费者的消费理念已经发生了变化，不仅仅追求物质上的满足，更注重精神上的愉悦。正因为如此，销售员在营销过程中就要充分把握这种顾客念旧的消费心理，对症下药，推出带有怀旧情感的营销活动和产品来打动消费者。

【实战案例】

在日本大阪，有一位名叫川子本田的推销员，他刚刚参加工作不久，在一个叫任你行的商贸公司，做自行车销售，川子本田刚加入时，正是这家公司最困难的时期。他们的公司代理多家生产厂家的自行车，前几年效益特别好，生意红红火火，进货量也特别大。后来渐渐地，大家好像都不再骑自行车似的，有的人换上了摩托车，有的人开上了小汽车，来买自行车的人寥寥无几，这种局面很让老板着急和苦恼。

川子本田被派到一个小镇的销售点去进行实地推销。小镇上的人一般都是靠做生意赚钱，而且大部分都是家庭作坊，他们把作坊里产出的东西在镇上汇集，用大卡车运到城里去，每星期一大卡车过来拉一次。这里的人们生活非常富裕，几乎家家都有小汽车，自行车的使用率也不高。

有一天，川子本田的自行车行里来了一位老先生，他白发鬓鬓，精神矍铄，他看了看自行车说："我想买一辆，我特别喜欢自行车在马路上颠簸的感觉。"川子本田问道："老先生，您这么大年纪了也喜欢这种新款自行车？"

老人严肃地转过头，对川子本田说："小伙子，我给你说实话吧，我不喜欢这种款型的自行车，我还是怀念以前的那种老式的车型……"

后来，川子本田经过和老人聊天后得知，老人的老伴在三年前去世了，在他老伴去世以前，他们经常骑着他们共同购买的旧式自行车到城里去购物。他说："尽管那时儿子们都有汽车了，可是我们还是喜欢两个人同骑一辆自行车的感觉。后来，老伴去世了，由于老伴生前特别喜欢那辆已经很旧的自行车，所以，在她的葬礼上，我把那辆自行车烧掉了，也就让它跟老伴一块去吧，毕竟那辆自行车陪伴着我们度过了许多艰苦的日子及后来的美好时光。现在，我希望能够拥有一辆那样的自行车。因为，我老伴喜欢自行车给人带来的那份静雅，所以，每年在给她上坟的时候，我和我的儿女们都是把汽车停放在远处，然后步行一段很长的路程去看她，但是现在不行了，走远路有些累了，所以我过来买辆自行车，希望在下一个月去看她的时候，能够骑着自行车去。可惜，现在卖的全都是一些新款的自行车。"

川子本田听到这里，知道老人所讲的那种类型的自行车，是在几年前就不生产的款型，但是，川子本田忽然想起，他好像曾在总公司提货的时候见过那种旧款的车。所以，川子本田仔细地问了那位老人他所说的自行车究竟是什么牌子的，认真地将这些一一记在了本子上，然后对老人说："先生，您所说的自行车类型也许我能够帮您找到，不过您别太着急。"老人一听激动不已，再三感谢川子本田，他希望川子本田能够圆自己的梦想。并且对川子本田说："小伙子，如果你能找到的话，就多给我订几辆，我有 4 个儿子，两个女儿，还有 10 几个孙子。我希望到时候，他们都能够骑上老伴喜欢的自行车，我们一起去看她，价钱方面好商量，多少我都可以接受。"

在这位老人走后不久，又进来一位顾客，他好奇地问川子本田："这位老先生来这里干什么？"川子本田回答说："他想买自行车。"那位顾客笑道："不可能，他能买自行车？你知道他是谁吗？他是著名政府官员××的父亲，他的几个儿女都是大款，钱多得不知道怎么花了，来这里买自行车，哈哈……"

顾客的这番话听得川子本田直发愣，不知道说什么好了。但是，他又一想，说不定这次还真是个机会，在老人说买几辆自行车的时候，他还以为是为了满足怀旧需要说说而已，不过，这回川子本田确实打算去向总公司问一下了。

结果，川子本田就在当天晚上打电话到总公司，真巧，由于这几年自行车生意不再红火，公司的仓库里积压了许多各种旧款的自行车。并且每一款型大概都有一二十辆。这些东西成了公司这几年最头疼的事情，销毁吧又太可惜，卖又卖不出去，近期，公司为了清理库存曾想把它们捐给福利院。

川子本田知道仓库里还存有这些车，立刻激动地拨通了老先生的电话，老人听了，激动得半天没有话说，最后一连说了几个谢谢……

第二天一大早，老人就赶到了自行车销售店，决定将仓库里所有的这种类型的自行车全部买下来，一共有25辆。当天他们就签下了合约，并且老人先预付了一半的定金，货物一到，即付余款。

川子本田利用老人的怀旧情结将公司内积压的那种型号的自行车全部销售了出去。可见，利用顾客的怀旧情结来打动他们的心，是一种不错的销售技巧。

【实战点拨】

怀旧是一种情结，喜爱怀旧的顾客大都感情细腻，决定他是否能够接受你的产品的因素相当复杂。这就需要你把握住他们的心理与他们进行合作。从总体上来说，这种人喜欢趣味相投的人，他们很讨厌那些喜新厌旧的人。一般而言，这类人群有多年的社会经验，对某些旧事物产生了依赖心理。过去他们所处的生活环境非常艰苦，今天看到的是新奇崭新而陌生的东西，而昔日的那些美好在一瞬间就可能被另一种新鲜的事物所代替，飞速发展的社会把他们一切希望都扼杀在摇篮里，这会使他们非常失望。高情商销售员就会利用这一点，牵动他们内心的怀旧情怀，这样让他们接受你的产品就容易得多了。

高情商销售员在推销产品的过程中，会适时地探寻顾客是否有怀旧心理。所以当你正在推销产品时，也不妨多从侧面了解一下，对方是否具有怀旧感。

你可以细心地观察你的顾客，当他们在挑选商品时，是否在看到老商品时眼前一亮，或者是走了之后又回过头来，表现出一副依依不舍的样子。如果是这样，销售员就应该抓住时机推销你的产品，比如可以对老产品的优势做一些简单介绍，你可以试问："老先生，这种商品你是不是曾经有过？""你是否想知道它从哪里来的？""你真有眼光，懂得这种东西价值的人并不多，看来你是一个很有品位的人。"用这些话就能探知对方是否真对这种商品感兴趣以及喜爱的理由，而后再进行你的推销策略。

优惠促销，顾客都有占便宜的心理

大多数顾客都会选择物美价廉的商品，相信很少有人会说"我就是愿意花双倍的钱买同样的产品"。用最少的钱买最好的东西，这是所有人所希望的事情，这就是人们占便宜心理的一种生动表现。高情商销售员就经常利用这种占便宜的心理，通过优惠政策让客户感觉自己占到了很大的便宜，从而心甘情愿地掏钱购买。

【实战案例】

在很久以前有这样一个故事，有一个卖衣服和卖布的商铺，商铺里面有一件非常珍贵的貂皮大衣，但是由于价钱非常高，所以一直没有卖出去。后来这个商店里来了一位新的伙计，他说他有办法能够在一天的时间里把这件貂皮大衣卖出去。老板有点不相信他说的话，因为这件衣服在店里挂了很长时间都没有卖出去，有些人也只是随便问问价钱然后就走了，要想在一天的时间里把这件貂皮大衣卖出去，似乎是不可能的事情。

但是这位新来的伙计要求老板必须要配合他的安排，无论是谁来问这件貂皮大衣的价格的时候，都一致说是五百两银子，但是它的实际价格却只有三百两银子。

二人经过商量之后，伙计在前面招呼客人，而掌柜的在柜前算账。眼看一上午就快过去了，但是基本上一个人都没有来。就在这时来了一位妇人，在店里面转了一圈后，看上了那件貂皮大衣，然后她就问那位伙计："这件大衣多少钱？"

这时伙计故意装作没有听到，这个妇人扯大了嗓门问道："这件衣服多少钱？"

他对妇人说："真的不好意思，我是刚来的耳朵不是太好使。请你稍等下，我去帮你问一下老板这件衣服多少钱。"

说完就冲着后面大喊："老板，这件貂皮大衣多少钱啊？"

只听老板回答说："五百两！"

"多少钱？"伙计又问了一遍。

"五百两！"

声音很大。妇人听得清清楚楚，又觉得太贵了，所以心里也不打算买。

这时这位伙计很严肃地对这位妇人说："掌柜的说三百两！"

妇人一听心里觉得非常高兴，认为这个伙计听错了，这样一来自己足足少花了二百两银子就可以得到这件衣服，想到这里欣喜若狂。又怕老板知道这件事情后就不会卖给她了，于是付完钱就急急忙忙地离开了。

这样伙计很轻松地就把这件很久没有卖出去的貂皮大衣按照原价卖了出去。

伙计之所以能够顺利地把衣服卖出去就是利用了妇人占便宜的心理。销售员在向客户推销自己产品的时候，往往都是利用客户占便宜的心理或者是使用价格悬殊的对比来促进销售。利用价格的悬殊对比，已成为很多高情商销售员用来俘获顾客的一种常用方法。

【实战点拨】

高情商销售员都信奉这样一句话：客户要的不是便宜，而是要感到占了便宜。客户有了占便宜的感觉，就容易接受你销售的产品。

优惠是推动销售最有效的方法之一，优惠政策是销售员抓住客户占便宜心理的一种推销方式。大多数客户都只看你给出的优惠是多少，然后和你的竞争对手做比较，如果你没有让客户觉得得到优惠，客户可能就会离你而去。所以你不仅要注重商品的质量，还要注意满足客户这种想要优惠的心理需求。

但是，优惠不过是一种手段，说到底是用一些小利益换来大客户，你还是有赚头的，不然商场里也不可能经常有“买就送”“大酬宾”等活动。当然，在优惠的同时，你还要传达给客户一种信息：优惠并不是天天有，你很走运。这样，客户的心里才会更满足，他们才会更愿意与你合作。

即使推销的产品在某方面有些不足，你也可以通过某些优惠让他们满意而归。如果客户对你的产品提出意见，你千万不要直接否定客户，要正视产品的缺点，然后用产品的优点来弥补这个缺点，这样客户就会觉得心理平衡，同时加快自己的购买速度。比如客户说：“你的产品质量不好。”高情商销售员会这样告诉客户：“产品确实有点小问题，所以我们才优惠处理。不过虽然是有问题，但我们可以确保产品不会影响使用效果，而且以这个价格买这种产品很实惠。”这样一来，你的保证和产品的价格优势就会促使客户产生购买欲望。

利用价格的悬殊差距来进行推销确实会起到很好的效果，但是却多少有些欺骗客户的感觉，客户得知真相以后，会感到很气愤，因此高情商销售员在使用时是非常注意方式和分寸的。在优惠促销时，既要满足客户的心理，又要确保让客户实实在在得到实惠，这样才能够保持和客户长久的关系，实现互惠互利。

情商提升与实战

1. 情商拓展训练

道具：无。

人数：8 人。

方法：8 人分成 4 组，每组 2 人。其中 1 人扮演难缠的客户，1 人扮演销售员，两人就某件事情进行交流。

规则：在交流过程中，客户要尽量难为销售员，而销售员要尽力满足客户的需求。时间为30分钟。游戏结束后，两人互换角色，再次开始游戏。

目的：通过游戏，锻炼游戏参与者应对难缠客户的能力，锻炼理解客户心理的能力，达到培养情商的目的。

2. 情商情境分析

在某家银行的服务大厅，一位客户大喊道："我已经排了20分钟的队了！你们究竟在做什么？这么一点事情需要那么长的时间吗？"

3. 情商实战思考

假设你是某饮水机生产厂商的售后人员，一位客户上门询问维修事宜，并反反复复地向你表明："你压根就没搞清楚，我的问题是……"这时，你认为高情商销售员会如何应付？

参考答案

情商情境分析：这位情绪表达方式有点极端的客户可能是难缠的客户。所以，银行的客户服务人员需要对事情做出合理的解释，说明原因；需要对由此给顾客带来的不便表示同情和理解；迅速告知顾客问题的解决方案，并付诸行动。最后，客户服务人员应再次向顾客表示歉意，表明企业要改进服务的诚意和决心。

情商实战思考：高情商销售员永远不会与难缠的客户争论，即便他完全了解对方的意思，也不会去反驳。他会避免用威胁、官腔或无法提供选择和帮助的态度，而是会请顾客表明他的真正意图是什么，是不是和自己理解的有差别？

第九章 说话有方：好口才成就好业绩

有人说情商高的人说话都让人舒服，高情商销售员说话不仅要让客户舒服、爱听，还要能达到自己的目的、表达意图、提出问题、论证是非，等等。目的先成立，而后才能称其为高情商销售。不敢表达自己的意思、不敢坚持自己的观点、不敢维护自己的利益，这样的销售员再能说会道，也只是阿谀奉承之徒，怎么能促成交易，达到推销目的呢？

言谈有素，好口才提升销售员的魅力

高情商销售员在接触顾客的时候，寥寥数语或是一个微笑就能使他融入顾客群，这就是高情商销售员的个人魅力。让顾客放松戒备，并不是说几句动听话那么简单，只有长期与顾客打交道，积累丰富的经验，并在工作中体现出来，这才是一个人的个人魅力。所以，如果你是销售员，一定要多去接触顾客，积累经验，这样才能提升你的个人魅力。

【实战案例】

小李和老张俩人都是公司的销售员。老张浑身上下带着乡土气息，是个朴实的人，也就是说他有一种使顾客不抱有戒备而十分放心的气质。与此相比，小李是一个典型的城市青年，他强有力的武器就是他能进行话题广泛的谈话。

一天，小李说："经理，×× 先生说，马上就要签订合同了，请您去作决定。"

"呀，我这次倒要领教一下你的本领了。"经理向他开玩笑地说，便来到顾客 ×× 家中。

在顾客家中，经理感到十分惊讶，小李正与主人热火朝天地谈飞碟射击。小李作为经理的部下已将近两年，在这期间，关于飞碟射击的议论，一次也没听他说过。一直认为他对飞碟射击不感兴趣。事后，经理问他："怎么不知道你对飞碟射击如此感兴趣？"

"一次，我到他家拜访，看到枪架上挂着的枪和刻上他名字的射击纪念杯，回去马上准备的呀。"尽管那些销售成绩不良的同事经常背后议论小李，说："他是嘴上功夫，现学现卖，都是杂志上的肤浅知识……"但业绩上，小李却把老张等人落得远远的，成绩超群。

高情商销售员都懂得说服的艺术，销售员必须学会面对不同的销售场合和销售对象，使用恰当的语言进行说服，这样才能取得最佳的销售效果。在交谈过程中，销售员一定要掌握好谈话的尺度，不要全凭自己的兴趣去选择话题，毕竟，销售员的主要目的是让顾客买下产品。如果你和顾客话不投机，又怎么能让他购买你的产品呢？抓住客户的兴趣引起客户的注意，激发客户的兴趣，让客户感到满意，这就是销售的良好开端。当客户开始注意你，销售员就应该立刻抓住机会，激发和保持客户的兴趣，从而促进沟通的进行。

【实战点拨】

只有得到周围人的承认才可称为魅力，作为高情商销售员的魅力，可以说最重要的是要被顾客承认。在销售过程中，只能通过短时间的接触和谈话来取得对方的好感。那么我们如何通过谈话来提升自己的个人魅力呢？

（1）打招呼要注意礼节。销售员见到顾客的第一件事就是向顾客打招呼。一个恰到好处的问候，会给顾客留下良好的印象。问候时，要注意根据顾客的身份、年龄等特征，使用不同的称呼。另外，在和顾客打招呼时，还要注意和顾客在一起的其他人员，必要时需一一问候。因为这些人常常是顾客的亲属、朋友、同学或同事。称呼时要视客户而定，但不能把客户分为三六九等，应对所有客户一视同仁，都以温和、礼貌、亲切的语气和态度进行交谈。

（2）合理选择交谈的语言。如果客户讲方言，而你又正好熟悉他所讲的方言，就可以适当用方言与客户交谈，这样既能融洽气氛，又能拉近双方的心理距离，增进双方的感情；如果不熟悉客户的方言，就用普通话交谈，因为不地道的方言可能会在沟通中造成误会；若是同时有多人在场，又并非所有的人都讲同样的方言，最好用普通话交流，千万不要旁若无人地与其中某一位讲方言，让其他人不知所云，颇觉尴尬。

另外，与客户交谈时还要注意使用通俗的语言，通俗易懂的语言最容易被大众所接受。所以，销售员在语言使用上要多用通俗化的语句，少用书面化、专业化的语句。如果故意咬文嚼字或使用深奥的专业术语，会令客户感到费解和不悦，这样不仅不能与客户顺利沟通，还会在无形之中拉大你与客户之间的距离。

（3）与客户交谈要注意分寸。与客户交谈时，有的销售员说到高兴时就忘乎所以，说话没有了分寸。切记，在交谈中，下面这些敏感的雷区是要小心避免的：

①当客户谈兴正浓时，要倾心聆听，不与客户抢话，不打断客户。

②对于你不知道的事情，不要硬充内行，以免说错了贻笑大方。

③不可在客户面前谈论他人的缺陷和隐私，或贬低自己的竞争对手。

④不可谈论容易引起争执的话题，以免与客户产生冲突。

⑤说话时避免引用低级趣味的例子，以免令客户感到尴尬，或觉得你没风度。

销售员的高情商表现之一便是能够自如地就各种话题与顾客交谈，对于这一点，销售员应通过大量阅读，广泛涉猎来实现。在销售实务中，销售员一定要注意自己的言谈，只有彬彬有礼、言谈有素，才会受到人们的欢迎。

建立联系，从一个适合对方的话题开始

快速打开“话匣子”是高情商销售员必备的素养。销售员面对的客户大多是陌生人，好的开场白只是开始，怎么将交谈继续下去才是最紧要的，毕竟你的目的是成交，与人热络只是手段。你是推销产品的人，你愿意无条件地配合顾客聊天，对方却不一定有耐心跟你“尬聊”，所谓“话不投机半句多”。如果没有一个能引起对方倾诉欲的话题，销售员就很难与其建立起情感联系。想要与陌生人维持一场交流，必须有一个双方都有话可说的话题。

【实战案例】

小伟在一家保健品公司工作，每次拜访客户时都开门见山地直接推销产品，效果差强人意。比如，有一次他一进门就说：“刘先生您好，我是××公司的销售代表，这是我们公司的新产品，非常适合家里的老年人……”客户听了头也不抬地说：“不好意思，我不需要。”小伟锲而不舍地继续说：“您

可以先看一下产品资料，具体了解一下……”客户抬头不耐烦地打断：“我没有时间，请你离开。”

小伟的行为是销售员的大忌。在面对面推销中，客户同意与销售员见面本来是极好的一次机会，但由于销售员十分不恰当的推销方式引起了客户的反感，使客户对其产品提不起半点兴趣，甚至将销售员的上门行为看成是一种打扰，于是干脆直接终止了成交的可能。

同一家保健品公司的李笑，推销方式就很不一样。比如，她在公园见到一位孕妇在河边的长椅上坐着，就假装散步的人，不经意地走到她身边，亲切地打招呼：“姐，这河边有点凉，在椅子上坐太久对身体不好啊。”孕妇意外地看了看她，不好意思地笑道：“挺着肚子，走一会儿就累。”说着就站了起来，李笑又问：“姐这是几个月了？”孕妇回答“六个月了”，一来二去，两人就聊上了，李笑陪着孕妇一边散步，一边聊母婴相关的事情，渐渐地就把话题引到保健品上，不知不觉中，就把公司的产品资料递到了孕妇的手中。

很明显李笑的情商就很高，她先从与准客户建立情感联系开始，用与客户最紧密相关的话题，维持住与对方的交谈，再一步一步地亮出自己的目的。由于聊天的过程比较愉快，客户卸下了戒备心，同时也对一个会关心自己的人产生了一定的好感，便不再排斥推销行为，甚至会觉得这种推销是对自己及时的帮助。李笑在聊天过程中也能获得许多孕妇的个人信息，为进一步的推销打下了良好的基础。因为得知了对方的需求，才能更有针对性地推销，而有针对性的推销又会给人一种贴心的感觉，使其觉得你在设身处地地为他考虑，从而收获信任，这样也便于将一次性的客户发展成长期客户。

【实战点拨】

人们都不喜欢硬塞给自己的东西，因为就像强迫自己非要接受什么东西一样，违背自己的自由意识，任谁都会心生厌恶。像小伟那样，背课文一样简单粗暴地冲客户介绍产品，太有攻击性，注定会失败。销售员要明确自己客户的真正需求是什么，这就需要与对方建立有效的沟通，而沟通就需要有适合交谈的话题。找到适合的话题需要销售员具有一定情商水平，那么高情商销售员怎样准确快速地找到适合的话题呢？

1. 直观了解到的客户情况

比如客户的工作——你可以谈客户的工作环境好、行业前景好、公司规模大等等；又比如客户的服饰装束——对女性顾客，你可以聊聊衣服、包、护肤品，甚至明星八卦等，男性客户就可以聊手表、电子设备等。通过见面时第一时间的细微观察，捕捉对方的特点，展开话题。

2. 察言观色了解客户爱好

察言观色也是销售员的专业素养之一，要求从业人员有较高的情商，只有足够的细心和认真才能发现别人不易发现的细节，而这些细节都是你可以利用的地方。如果能通过观察和聊天得知客户的爱好，那就再好不过了，人们愿意与人谈论自己喜欢的事物，如果你同他谈他喜欢的事，他就会乐意把你视为朋友，从而建立起友好的关系。而销售员们也应当学会随机应变，随时把客户的爱好变成自己的爱好，做到与对方“酒逢知己千杯少”的地步，那这笔生意就基本稳了。

3. 时事新闻，社会热门

如果真的对自己的目标客户缺乏了解，沟通难以开展，不妨先从一些热点信息说起，例如当下最热门的、街头巷尾广为议论的新闻，就是现成的聊天话题。对社会事件的评论中，你还能获悉客户的价值倾向和喜恶，避免在接下来的交流中踩到“雷区”，引起不必要的反感。

修炼情商，把开场白说到顾客心里去

世界著名的销售专家戈德曼博士曾说过，在销售中，与顾客说的第一句话格外重要。顾客在听第一句话时通常最为认真，并且会在听完第一句话后就决定要不要继续听下去，因此，一句有足够吸引力的开场白是每一个高情商销售员的必备法宝。

【实战案例】

陈明刚做销售时，吃了许多闭门羹，往往自己刚开口就被对方拒绝。陈明本着坚持不懈的原则，凭借持之以恒的精神，对自己的目标客户死缠烂打，勉强促成了几件小单子。可是这并不能从根本上提高业绩，每月的收入也少得可怜，努力得不到相应的回报，陈明开始对自己能不能做这一行产生怀疑。

陈明的领导欣赏他的勤奋，看到他的成交率一直上不去也很着急。一天领导找来陈明，想帮他找找问题到底出在哪儿。陈明见了领导，委屈地说："我都是按照当初培训时您教我的方法来的，可是那些人根本不买账，每次我刚说一句话，就被不耐烦地打断，拒绝了。"

领导也感到奇怪，问："你见到客户后通常都是怎么说的？"

陈明回答："就是先打招呼，问有没有时间，然后说明自己来的目的。"领导听了，又让他把自己当作目标客户模拟了一遍："您好，我是××公司的销售顾问，请问可以耽误您几分钟的时间，为您介绍一下我们公司的新产品……"没等陈明说完，领导恍然大悟，笑着挥手打断了他，说："我知道你的问题在哪儿了，你把客户当机器了，培训课上教的方法只是基础的模板，实际运用中要灵活，毕竟你面对的是有血有肉、形形色色的人，你要根据不同的对象，灵活地处理开场白。"

说完，领导又具体地给陈明上了一节课——怎样灵活地运用开场白。

面对面推销时的开场白有一些固定的模式，但要想让自己的话语直戳人心，最好还是见机行事。由于每个客户的特质不同，切入话题的方式也要因人而异，这就考验销售员的临场反应能力了，而临场反应就是情商的反应。一个高情商销售员，从开口的第一句话开始就奠定下了成交的基础。

【实战点拨】

传统销售中常用的开场白有一个固定公式：感谢对方提供见面机会＋自我介绍＋说明来访目的。这样的开场白中规中矩，适合新手，用起来总不会出什么错。但是在销售行业竞争越来越激烈的当下，这样呆板的话术已经不那么适用，人们对于推销的免疫力越来越强，有时你一开口，对方就知道你的目的，并加以排斥。就算你有毅力，不管对方是否拒绝硬要聊下去，但这样的粗鲁推销已经没有任何意义了。

而对于高情商销售员来说，一句好的开场白并没有那么难，就是把客户当作一个接下来要交往的朋友，不是一上来就生硬地推销产品，可以寒暄两句，先“破冰”，拉近彼此的关系。人都会有这样的心理，对熟悉的人不好意思拒绝，而与一个人从陌生到熟悉有时只需要短短几分钟。要想学会使用好的开场白，可以参考以下几点要素：

1. 真诚的赞美

谁都喜欢听好听的话，纵使有时明知道别人是在客套，可依然会因为别人的一句赞美而高兴。当然，虽然赞美是接近顾客最便捷的路径，但赞美也不能不经大脑，一味地吹捧，那样就真的变成令人尴尬的“拍马屁”了。夸人也是门技术，赞美准客户一定要找到真正值得赞美的点，找到其他人可能忽略的特质，让对方知道你是真心的，并且是用心的。

2. 引发好奇心

心理学中把好奇列为人类行为的基本动机之一，美国杰克逊州立大学的心理学教授说：“探索与好奇，似乎是一般人的天性，神秘奥妙的事物，往往是大家所关注的对象。”在销售中，巧妙地引起目标客户的好奇心，能很好地展开话题，顺利进入下一步的交谈。

3. 利用第三人

你与客户之间是陌生的，但当你提到一个与客户有关系的熟人时，就能以最快的速度与准客户熟络起来，“朋友的朋友就是朋友”，人通常不会拒绝有人情关系的推销，毕竟大家都愿意卖朋友一个面子。

4. 用问题开场

用提问的方式展开话题，把谈话的主动权先交给对方，一步步用问题引导着对方聊下去，也是很有效的一个方法。不过提问也要事先做些功课，最好是客户恰好关心的问题，能让对方有想要回答的欲望。

说话有技巧，销售员也拼“言值”

无论谁都愿接受美好的语言，因为得体机智的语言背后支撑的一定是聪明智慧的有思想、有内涵的灵魂。语言就是这样奇妙，往往于兵不血刃中攻城略地，从而实现战功赫赫。用你高情商的口才，对顾客晓之以理，动之以情，相信对征服你的顾客会很有效。

【实战案例】

客户：“但是我还是感觉现在买的话有点早。”

推销员：“凡事还是早点做准备比较好。张太太，您的宝宝刚刚出生的时候不是也会收到很多亲戚送的衣服吗？”

客户：“对呀！”

推销员：“其中不也有七八个月或是一两岁的衣服吗？当时您不是也觉得用不上吗，但是没过多久，宝宝身上穿的不就是那些衣服了吗？”

客户：“是啊！时间过得真快！当时我也觉得这些衣服不会很快派上用场。”

推销员：“买保险也是如此，就怕您买得不够……”

……

推销员：“您想想看，宝宝从不会走路到学会蹒跚地走出人生的第一步，这仿佛是昨天才发生的事情。但是那一幕是多么温馨和耐人寻味啊！现如今都会叫爸妈了，再过不久就要背着书包上学了，别总说还早，还不如趁现在保费比较便宜，先准备一些教育基金，也算是为孩子做投资吧，说不定哪天您的孩子还会感谢您为他想得这样周到呢！”

客户：“好一个伶牙俐齿的小伙。”

很明显，这位推销员的情商很高，他巧妙地运用语言技巧说服了一位年轻的妈妈给她仅有两岁的孩子买了一大笔教育保险。假如，碰到一位笨嘴拙舌的推销员，不能精致地运用语言技巧，那这桩生意肯定不会太顺利。

【实战点拨】

一位成功的人士曾说过："我希望所有向我推销的人都能谈话得体，举止优雅，听这种人说话，是一种享受，否则我根本不会接见，因为对我来说我不可能接见所有想要见我的人，然而，我是绝不会拒绝接见那些语言上有技巧的人，我认为最好的推销建议只可能由那些能说会道的人提出，反之亦然。"那么销售员如何运用语言技巧把顾客吸引住呢？

1. 选择积极的用词与方式

在保持一个积极的态度时，沟通用语也应当尽量选择体现正面意思的词。比如说，要感谢客户在电话中的等候，常用的说法是"很抱歉让您久等"，这"抱歉久等"实际上在潜意识中强化了对方"久等"这个感觉，就不太恰当。比较正面的表达可以是"非常感谢您的耐心等待"。

如果一个客户就产品的一个问题几次和你沟通，你想表达解决问题的期望，于是你说："我不想再让您重蹈覆辙。"干吗要提醒这个倒霉的"覆辙"呢？你不妨这样表达："我这次有信心，这个问题不会再发生。"是不是更顺耳些？

又比如，你想给客户以信心，于是说："这并不比上次那个问题差。"按照我们上面的思路，你应当换一种说法："这次比上次的情况好。"即使是客户这次真的有些麻烦，你也不必说："你的问题确实严重。"可以换一种说法："这种情况有点不同往常。"

2. 表示理解客户

如果有客户一个电话转到你这里，抱怨他在前一个部门所受的待遇，你已经不止一次听到这类抱怨了。为了表示对客户的理解，你应当说什么呢？"你说得不错，这个部门表现很差劲"，可以这样说吗？适当的表达方式是"我完全理解您的苦衷"。

另一类客户的要求公司没法满足，你可以这样表达："对不起，我们暂时还没有解决方案。"尽量避免很不客气地手一摊："我没办法。"当你有可能替客户想一些办法时，与其说"我试试看吧"，为什么不更积极些说"我一定尽力而为”呢?

3. 不要向客户发出“最后通牒”

在销售过程中，有的低情商销售人员往往在面谈中向客户提出这样的问题，比如，“您到底买不买呢?”“您还不做购买决定?”“我们今天能否达成协议?”“您是否接受我的推销建议?”“您会购买这种产品吗?”这些类似“最后通牒”的提问往往使客户很反感。从另一个角度看，这种提问也违反了销售心理学的一条规则，即要避免提出一些容易遭到反对的问题。以“最后通牒”形式询问客户的意见，只会招致否定的答复，比如，“我们再来谈一谈您要不要这个产品好吗?”这样的提问只能引起客户的反感，得到否定拒绝的答案“不！不！我现在不想谈这个！”

因此，为了摆脱销售人员一方的压力，客户会毫不留情地拒绝销售人员的建议。所以，在引导客户购买产品的时候，销售人员千万不要提出“最后通牒”式的命令性问题。

高情商销售员与顾客的谈话一般表现为：切中主题，有力度，有逻辑性，充满自信，随时随地准备应对顾客提出的各种问题和意见。

巧用暗示语，一句话促成生意

在许多情况下，我们都可以感受到暗示语言的神奇力量，比如，广告语对我们的暗示作用。有时，我们可能记不住这个广告的影像，但却会对一些经常听到的广告语记忆深刻，从而对该产品产生极大的关注，其实这些注意是一种无意识的行为，是语言暗示的结果。一遍遍的宣传在人的潜意识中积累下来，当人们购物时，人的意识就会受到潜意识中这些广告信息的影响，让人不知不觉地去购买这个产品。

【实战案例】

有一次，森玛向一个女孩子推销化妆品，这个女孩子转来转去就是不买，样子甚是奇怪，森玛问她话，她就会冷冰冰甩一句："随便看看。"时间长了，森玛灵机一动，问道："小姐，您正在用我们的产品吧？要不，您的皮肤怎么那么好。"女孩回答："没有。""那您一定做美容护理了吧？实际上像您这么好的皮肤，没有必要用化妆品。"森玛说。小姐好像有一点兴趣了，问道："你觉得我的皮肤好，今天，我就想找一种对皮肤没有刺激的产品来护理皮肤。"森玛一下子明白了小姐的意图，说："是的，许多漂亮的女孩都特别注意自己的皮肤，她们也是只用一种牌子的化妆品，就是用的我们家的品牌，据她们说效果还不错。"

女孩很感兴趣地说："那你也给我选一套适合我皮肤的产品吧。"

销售员的随机应变，使原本僵持的场面忽然之间就柳暗花明了。但用这种刺激或暗示顾客购买的方法，千万不要刺伤了对方的自尊心，把握住这一点，成交的主动权就在你的手中了。

【实战点拨】

用暗示性的语言来吸引对方，这也是现今销售界最流行、最有效的技巧，更是高情商销售员常用的方法。这实际上和我们平时所说的激励法有些类似，当顾客面对商品犹豫不决时，你不妨用一些或鼓励或暗示性的语言来激励他，从而达到让他购买的目的。

暗示语言的神奇力量让我们对该产品产生极大的关注，如果你能在销售的过程中巧用暗示性语言，结果可能大不相同。那么具体有哪些暗示性的语言可以激发客户的购买欲望呢？

1.“当您使用它的时候……”

和客户沟通要习惯说“当您使用它的时候……”而不要说“如果”“假如”等。“当……”这样的说法具有非常好的暗示效果，它向客户的潜意识灌输了他已经购买了这个产品的信息，我们现在是在教客户怎样使用产品，而不是说服他购买。这样就避免了客户的抵触情绪，激起了客户对产品的占有欲。

比如：“当您使用这台笔记本电脑的时候，会大大提高您的办事效率，我敢肯定您一定会非常喜欢它的。”而如果我们用“假如您有这样一台笔记本电脑……”这样的语言会使客户产生这样的感觉：“我也许会拥有它，也许不会。”

2.“我们来……”

销售高手喜欢用“我们来……”的句型刺激客户的购买欲望，因为这样说可以营造一种合作的气氛，让客户意识到销售员和他是同一阵线的，而不是相互对立的，这样可以减轻对方的压力，容易达成共识。例如，销售员对客户说：“我们来看看，当我们购买了产品，能得到哪些额外的优惠。”就比“你今天购买产品，一定物超所值”听起来舒服得多。其实两种说法想要表达的意思是一样的，但是“我们来……”的句型让客户更容易接受。

3. 肯定性词语

作为销售员，我们不能说“不买吗？”“不喜欢吗？”“不便宜吗？”等否定性词语，因为这样会给对方带来“不买”“不喜欢”“不便宜”等消极的心理暗示。我们应该说：“我相信，您一看到它，就会有一种想要拥有的感觉……”“您一定会喜欢的，这套产品真的很便宜……”等。使用肯定语句，能够给予客户积极的心理暗示，能引导客户给出肯定的答复。

语言深刻地影响着人类的思维和行为，所以，在销售的过程中，尤其是成交的关键时刻，用一些肯定性的暗示词语对销售成功是大有帮助的，所以销售员一定要多说肯定性的语言，比如：“您想立即拥有它吗？”肯定性暗示词语是“拥有”；“我很高兴您做了一次明智的决定，您认为呢？”肯定性暗示词语是“明智的决定”；“我想您还是现在决定比较有利。”肯定性暗示词语是“现在决定”；“我想日后您会因为购买了我们的产品而感到满意。”肯定性暗示词语是“买了”“满意”。

暗示性的语言能够引导客户点头称是，帮助我们达成交易，所以，销售员在平时不妨多留意这类语言，并注意多多练习。

懂得惜语，不该说的话不要说

大多数销售人员的特点都是说得比顾客多，特别遇到不爱说的顾客时，为了打破尴尬的沉默局面，很多销售员都比顾客说得多，而且只要顾客不说话就坚持说下去。而高情商销售员在面对沉默顾客时会冷静地想想顾客为什么会沉默，在这种情况下，他们会采取隐喻的方式来影响顾客。在和顾客沟通的过程中，高情商销售员都会做到：没有用的话尽量不说，顾客反感的话坚决不说。在顾客明确表示希望成交的关键时刻，销售人员要谨慎为上，避免过多的话语，导致交易失败。

【实战案例】

销售人员："看到我们的等离子电视了吧？"

顾客："哇，真漂亮。"

销售人员："才 5000 元。"

顾客："我能买一台黑色的吗？"

销售人员："当然，黑的、白的、银白和银灰的都有。"

顾客："好。我今天有现金。黑色的你有现货吗？我能不能今晚就买回家？"

销售人员："当然，现在我们这儿就有一台。下周我们还有几台黑色的到货。"

顾客："真的？也许我还应该等一等，看了那几台再说。"

销售人员："不必了，它们全都一样。"

顾客："可是，现在这台也许表面有划痕或还有什么毛病。"

销售人员："绝对不可能，一点问题都没有。"

顾客："嗯。"

销售人员："那我这就来跟你签合同吧。"

顾客："我还没有拿定主意。我先看看那几台再说。"

销售人员："可是这一台一点问题都没有，你可以亲眼看看嘛。"

顾客："是啊，不过我还得考虑考虑。我有事先走了，下周再来看看吧。"

在成交最后的关键时刻，销售员的话至关重要，它可以使顾客坚定最后的决心，促进成交，也可以使顾客动摇买的决心，放弃交易。案例中的销售员就犯了一个致命的错误，不该在最后时刻多说一句"下周我们还有几台黑色的要到货"，这句话让顾客萌生了等一等能有更多选择的念头，从而放弃当场交易，这一放弃很可能导致交易的流失。让即将到手的业绩眼睁睁地失去，对销售员来说是一个很大的打击。

【实战点拨】

下面我们先来看看一些低情商销售人员长期以来一直在说的几句错话：

1."一分价格一分货"

这是很多销售人员面对顾客价格异议的时候自然的一句回应，这句话的潜台词就是顾客其实并不了解我们的产品，顾客并不识货。我们很多人也去买过东西，当销售人员跟我们说这句话时内心是什么感觉，是不是有一种被藐视的感觉。而且，一分价格一分货会让你的产品根本卖不上价格，你在用产品质量证明你的价格，但是顾客的购买除了产品的使用价值还包括了情感价值、销售关系和客户服务等因素。

2."好贵好贵，因为好所以才贵"

当有顾客说"你们的东西好贵啊"，有些销售人员马上跟话说"好贵好贵，因为好所以才贵"。这样的回答方式我觉得只能出现在一些销售的教科书上，真正用在销售的现场是比较尴尬的。谁告诉您说因为好所以才贵呢，有没有好东西价格也很便宜的呢，而且顾客会因为贵才购买吗？每次我听到有销售人员这样跟我说的时候，我的第一反应就是这个家伙经过培训，我得小心点。

3."我们是最……"

很多顾客都讨厌的一个词就是"最"，很多销售人员在介绍产品的过程中经常会告诉顾客“我们的产品质量最好”“我们的生产工艺最先进”“我们的性价比最高”，这样的说法大有王婆卖瓜的嫌疑，同时也显得不够自信，“响鼓不用重锤”，与其自己说东西好是第一，不如给顾客说说行业数据，用专业来证明你比别人好会更有说服力。

4.“我们家的产品有折扣的”

有些顾客会直接向销售人员询问价格，当销售员报价以后，顾客不做任何回应或者顾客故意回应得特别激烈，认为“太贵了”的时候，销售人员马上就会跟上一句“我们的产品有折扣，全场 ×× 折”。请问顾客对你的产品认可吗，他了解你的产品价格构成吗，当你说出折扣的时候，其实是在赶走高端顾客。

5.“您真有眼光”

只要稍加训练，好多销售人员都能掌握一些销售技巧，可是销售技巧最怕的就是很容易被顾客识破。不管顾客看什么产品，走到哪里，我们的销售人员都是一句“您真有眼光”，最终的结果只能是让顾客感觉你很虚伪，为了拿到订单什么样的瞎话、恭维话、客套话都说。

我问你答，让每一个问题都有价值

在销售过程中，如何通过提问让客户说话，如何通过提问让沟通延续下去，如何通过提问来充分了解客户信息，如何通过提问得到满意答复等，这些对于销售人员来说，都起着举足轻重的作用，也更能体现销售员的情商。销售人员可以通过巧妙的提问、正确的提问，减少客户的逆反心理，充分了解客户的信息，引导客户按照你的方向去展开谈话，按照你的思维方式去考虑问题，从而达成你希望得到的结果。

【实战案例】

电话销售员："您好，李总，我是××财务软件公司的小王，很高兴您能接听这个电话。"

李总："有什么事吗？"

电话销售员："是这样，我们公司最近新代理一种能够提高库存管理水平的财务管理软件，听说你们公司目前还没有使用这方面的软件，是吧？"

李总："你听谁说的，我们偌大的公司怎么可能不使用财务管理软件，你搞错了吧？"

电话销售员："是吗，您使用的是什么品牌的财务软件呢？"

嘟、嘟……对方已经挂断电话了。

在小王的销售过程中，我们能够清楚地看到小王说话的目的，但是很遗憾，他提问的方式没有把握好，可以说让别人听着很不舒服，即使有需求，也不会从你这里购买。换一种方式提问就会起到完全不同的效果。

电话销售员："您好，李总，我是××企业管理咨询公司的小王，想请教您几个问题。"

李总："什么问题？"

电话销售员："是这样的，李总，经常有公司打来电话，向我们公司咨询关于库存管理、产品分类管理，以及账务管理方面的问题，还请求我们给他们提供这方面人才。李总，不知您在这方面有什么更好的观点与意见？"

李总："这个很简单，我们有专人负责仓库管理这块，产品分片分区管理，财务也有专人负责。只是，我也有些困惑，就是他们办事效率很低，我需要个什么报表，往往不能够及时统计出来，造成信息不顺畅。更麻烦的是，一旦人员流动或者调整的时候，往往一段时间内经常出现纰漏。不知道你们有什么好的解决办法没有？"

电话销售员："李总，我请问下，您目前使用的是什么管理软件？"

李总："管理软件？管理软件目前好像用不到吧？我们一直采用人工做账。"

电话销售员："是的，向我们打来咨询电话的那些公司，也是喜欢采用人工做账，只是没有您分配得那么细致，有条理性。不过，他们现在这些问题都解决了，而且效率也提高了很多。”

李总：“是吗？怎么解决的？”

电话销售员：“他们使用 ××× 财务管理软件，不仅节省了人力，而且每天都能够了解当天的产品进、销、存，畅销产品、滞销产品比例，进出账情况，欠账、拖款情况等。”

李总：“是吗？有这样的软件？哪里能买到？”

电话销售员：“这样吧，李总，我下午两点到你们公司去一下，您在吗？我把软件带过去，顺便给您的员工讲解如何使用这个软件，怎么样？”

李总：“好啊，非常感谢。”

从这个案例，我们看到，电话销售员的目的同样是要李总认识到使用管理软件的重要性，达到推销软件的目的。可是这个电话销售员通过不同方式的提问，让李总愿意接受问题，愿意回答问题，而且愿意提出自己的观点，表达出自己的想法。这样我们销售员才能有效地根据对方的回答，把握有理有据的对答方式，来攻破对方的思维方式，达到自己预期的效果。

【实战点拨】

销售人员究竟通过什么询问方法才能很快赢得客户好感，下面介绍五种有效的提问方法：

1. 请教式提问

人人都有虚荣心，人人都喜欢被尊重。请教是中国社会关系中师生关系的体现，尤其是有一定地位的人，比如经理级别，甚至企业中那些有地位或者有头有脸的人，内心深处都有一种指点别人的内心趋向。所以，我们可以根据客户喜欢充当老师、老大的心态，充分利用人性的趋向性，在沟通开始阶段，采取这种请教式的提问，充分抬高对方的身价，让对方心甘情愿地充分回答你的问题。

2. 引导式提问

对于销售人员来讲，最令其痛苦的事情，是客户不愿意把自己真正的问题和需求告诉我们，而我们销售人员又无法通过基础资料调查，发现其需求，这个时候该采取什么样的方式，诱导客户说出自己的心里话呢？这个时候最大的考验就是看我们销售员的引导能力，客户内心的想法就是一座宝藏，一旦激发出来，就能顺理成章地开采成功，如果你无法激发出客户内心深处的想法，可能就很难把握客户最后的决定。所以，我们销售人员在无法把握客户内心深处的想法时，要通过不断的引导，发现其需求。所谓引导式提问，从字面理解就是要学会借力打力，先通过陈述一个事实，然后再根据这个事实发问，让对方给出相应的信息。

3. 限制式提问

限制式提问法，其实就是把答案限制到一个很窄的范围内，无论客户回答哪一个，都对提问者有利，也就是说，在限制选择的提问中，必须要使所提出的问题明确而具体，效果才能更明显。

4. 建议式提问

销售员在与客户销售沟通的过程中，可以时常采取一些主动性的建议式提问，进而了解客户真实信息，探求客户的真实想法，而且还能坚定客户的购买信心。但是在进行主动性建议式提问时，最好语气不要过于僵硬，而要做到仿佛是在进行一种商讨，语气平和，让对方感觉到你的诚意满满，本就应该如此询问，你是为他们考虑或为他们着想，关心他们，才提出如此问题。这样即使对方没有接受你的意见，交谈的气氛仍能保持融洽。

5. 探求式提问

以上提问方法的运用，一般都有一个切入口，那就是对客户有一定的了解与研究。如果销售人员在沟通前，对客户基础信息知道甚少的情况下，如何通过提问来逐渐了解与掌握客户的信息与需求呢？根据许多销售人员的经验总结，这个时候最好的办法就是采取探求式的提问方法。所谓探求式提问方法，就是通常采用我们常说的 6W2H 的原则，用他们向对方了解一些基本的事实与情况。6W2H 指的是英文 What（什么）、Why（为什么）、When（何时）、Who（谁）、Where（在哪里）、Which（哪一个）、How（如何）、How much（多少、多久）的缩写。

虽然探求式提问可以在某种程度上帮助解决这个问题，但是也只能了解一些浅层的、简单的信息，不适合了解个人情况及较深层的信息，而且探求式的提问方式，如果把握不好，可能话语比较生硬，容易让对方感觉不舒服，造成对方回答你的问题不够精确或者答非所问抑或根本不回答你的问题。其实，最令我们销售人员尴尬的事情是，当我们提出一些问题问客户的时候，经常会遇到客户不愿意从正面回答的情况，客户对于销售人员所提的问题顾左右而言他。这也就是说，探求式提问仅仅可以帮助我们获取那些让客户愿意主动从正面回答的问题，而且一定要把握语言语气的运用，不要弄巧成拙，最好结合请教式提问的方法一起运用。

为了让自己提出的每一个问题都有价值，高情商销售员都会结合实际情景，掌握客户类型，把控客户心思，把以上提问方法有机结合起来，在一段对话过程中，可能只用到其中一种方法，也可能几种方法同时运用。不管怎样，只要是能搞定客户的方法，都是有用的方法。销售员需要提高情商，不要局限于某些方法或方式中，束缚自己。

情商提升与实战

1. 情商拓展训练

道具：卡片、笔。

人数：不限，两人以上。

方法：将大家分为两人一组，假设一个场景，如手机售货员和客户，客户要求退货，而客户购买的特价手机并不属于三包范围。

规则：模拟手机售货员的一方要尽可能地想出各种方法拒绝客户的要求，但也要想方设法让客户满意而归。然后互换角色，进行练习。

目的：如何拒绝别人不但是技巧，也是学问，更是考验测试者情商，在游戏中，一定要集思广益，参考别人好的做法或者说法，自己运用到实践中去。

2. 情商情境分析

客户：“请问我买的房子，大概什么时候可以收楼呀？”

客户服务人员：“一般情况下，是签完合同，收到首期房款三个月之后。”

客户：“要这么长时间呀，一个月时间行不行呢？”

问题：这时，客户服务人员怎么回答才能让客户满意？

3. 情商实战思考

设想你是某公司的业务员，前去找客户讨要回款，客户：“小王呀，本来这个月要结清欠你们公司的三十万元货款，但是，由于最近是销售旺季，进货较多，挤占了一部分资金，这个月先结清十五万元，剩下十五万元下个月结清，行不行？”这时，你该怎么应对。

参考答案

情商情境分析：客户的要求很明显不符合公司的规定，怎么回答才能让客户满意接受自己的拒绝，这是在考验客户服务人员的情商。客户服务人员可以这样巧妙地回答：“如果要求一个月时间收楼的话，装修人员就要赶工。您都知道慢工出细活，赶工的时候，容易忙中出错，最后影响您房子的装修质量，那您就划不来了。”

情商实战思考：这种情况下可以使用苦肉计，向客户说明，如果接受客户的要求（一般是过分的要求或无理的要求），自己将会受到什么样的处罚，由此争取客户的同情和谅解，例如：“李总呀，上次进货的时候，由于您是我们多年的老经销商，在正常进货价的基础上，我向公司申请特殊政策，额外申请了一个点的价格优惠，同时，还多申请了100件促销礼品。为这事，我没少受公司的批评，上个礼拜公司开全国销售人员会议的时候，销售总监还点名批评，要我做出检讨。李总呀，您可不能再让我难做了。”

第十章 冷静理性：稳中求胜的技巧

理性是指人在正常思维状态下，为了获得预期结果，有自信与勇气冷静地面对现状，并快速全面了解现实，分析出多种可行性方案，再判断出最佳方案且对其有效执行的能力。理性也是情商的一种表现。在销售中，高情商销售员能理性地看清事态和物质的本质，并有针对性地做出判断和决定。

少说多听，给顾客空间思考

高情商销售员在向客户推销时，并不是喋喋不休，他们经常会把大量的时间留给顾客去分析、思考和判断。如果客户首先打破了沉默，说明他有希望购买你的商品，如果对方一直让沉默弥漫，这个时候千万不要去打搅他，不要说话，冷静等待，你的顾客可能正在读合约呢。

【实战案例】

有一次，贝尔多和他的一位同事去见一位德高望重的商人，这位商人平时讲话不多，他很理性，也很能干。他最早从事服装导购，经过多年的奋斗，成了当今服装界最了不起的服装生产和批发商，且为人正直，值得人称赞。

贝尔多和同事见到他，彼此寒暄几句后就进入了正题，贝尔多开始和同事一唱一和地向他讲一些有关他们推销的商品的内容，但是，他低着头，连眼皮都不抬一下。贝尔多无从知道他在想什么，他是否在听，这真是令人难堪。在来之前，贝尔多知道这位顾客是位非常理性的人，自己主观判断力很强，很少听从别人的意见。想到这里，贝尔多便停下来，把材料恭敬地往那位商人面前一放，靠在椅背上等着，接下来是尴尬的沉默。

贝尔多的那位同事是一位新手，刚刚参加推销工作不久，所以，他如坐针毡一样，难以忍受这沉重的氛围。他生怕贝尔多在这位大商人面前失败，急于打破僵局。贝尔多制止了他，他看见贝尔多在摇头，便合拢了刚要张开的嘴巴。

这样的沉默又保持了一分钟，那位大商人抬起头来。

只见他用眼睛在面前放的文件上扫了扫，良久没有说话，贝尔多知道，这时候自己必须沉住气，尽量不要打断他的沉默，让他尽情地在心里去衡量。

这时，贝尔多从包里拿出一支钢笔放在他面前的文件旁边，看见他从抽屉里拿出一支雪茄正要点火，聪明的贝尔多顺手将烟灰缸往他手边移了移。贝尔多所做的这一切，目的只有一个，就是希望对方能够认真对待这一次交易。贝尔多一直沉默着，但他的行动并没有静默。

对方终于开了口，第一句话就说："你这个小伙子能够善解人意……"商人平时不太善谈，这次却说了足足一个小时。在他谈话的时候，贝尔多尽量不插嘴，等他说完了，贝尔多说："先生，您讲的话对我们很有帮助，也有许多启发，您是一个很有思想的人。最初我们来向您推销商品，本来是利用这件商品来帮助您更方便地解决和处理问题，通过和您的这次交谈我们已经明白了您花了几年的时间已准备解决这一问题，尽管如此，我们还是很高兴见到您，假如您有什么需要帮忙的地方，我们会一如既往，希望下次有机会再来合作。"

当贝尔多说到这里时，商人说话了："下次来把真正的产品给我带来，我需要的可是一大批。"

这个例子中刚开始局面并不好，也就是对方对贝尔多他们的产品不信任，对贝尔多的推销当然也就不屑一顾了，但结尾却是令人满意的。贝尔多此次成功的原因很简单，让商人尽量发泄自己的难处并认真地倾听，还时不时地用行动表达一下自己的感情，以求弄明白对方的真正需要，并且想尽一切办法去赢得对方的好感。就这样，贝尔多通过努力对商人有了全面的了解，也就明白了他最需要的是什么。找到了切入点，有的放矢，这次给贝尔多带来的成功正是他巧妙地运用了少说多做的推销技巧获取的。

【实战点拨】

情商高的人是会讲话，而非多讲话。因为讲话太多，容易忽略掉某些该做的事情，毕竟，我们并不是对着录音机讲话，而是在和人进行交流。另外，讲话太多，必然导致聆听太少，聆听太少，往往不能在短时间内获取客户要表达的信息，也无法真正地掌握客户的需求和他们正在思考的问题。既然如此，那么什么是一个高情商销售人员该做的呢？

1. 尊重客户

这意味着要重视客户的期望值，要恪守时间，要关注客户的内心感受，要重视客户的反对意见。

2. 帮助客户思考

既然相信未来客户将会扮演越来越重要的主导角色，那么不要试图代替客户思考，代替客户发言，代替客户决策，把那些主动权都留给客户。销售人员只是一个辅助，只是一个参谋，他们要做的更多只是提出一些容易回答的问题（容易回答并不代表问题无聊或是问题无趣），然后安静地用心聆听客户的回答。

3. 帮助客户决策

记住，销售人员只是客户的助手而已，因此最后的抉择只能由客户完成，销售人员的任务是让客户自觉得出一系列符合逻辑的结论，由此促成销售。在销售对话中，客户的购买决定并不是简单的“是”或“否”，而是通过客户的一系列决策一步步推进的。为了做出这些决定，销售人员和客户需要在头脑清醒的情况下进行对话。

无论在任何时候，少说多做都是一种美德，也是高情商的表现。你是怎么做的呢？少说多听的推销原则，最起码能让对方对你有好感和信任，这种心灵上的触动，往往就是成交的开始。

巧妙说“不”，拒绝但不伤面子

作为一个销售员，与客户打交道是每天必须要做的事情。不论喜欢与否，有时必须要对客户说“不”（不管你想说还是不想说）。在与客户交谈的过程中，由于买卖双方各自都会维护自己的利益，所以发生矛盾和冲突是在所难免的。在这种情况下，就需要销售员想出两全其美的方法。既能够维护公司的利益，又能稳定客户的情绪，这就需要有足够的经验和较高的情商。

【实战案例】

对客户说“不”，对哪一个推销员而言都是一桩困难的事，看看这位金牌销售员徐林，是如何应付这样一位难缠的客户的：

客户：“小徐呀，你们的货总体上来说还是可以的，但是你们的价格比飞宇公司要高，对于这点我并不是很满意。”

小徐：“张总，我承认我们公司的产品确实要比其他公司贵，贵一点自然有它的道理。我们产品质量好，使用寿命比较长而且使用起来也是非常方便的。您看这是现在一家知名市场研究公司提供的研究报告，我们的产品比A公司产品的用户投诉数量少33.3%，使用寿命长42%，用户满意度高28%。卖我们的产品您会少操不少心，腾出时间赚更多的钱。”

客户：“小徐呀，你也知道在这个地区我们是经销商大户，听说你们正准备进入A地区，这还是要通过我们的，你们就把进货价格降低5%吧。”

小徐：“张总呀，贵公司的实力当然是毋庸置疑的。这次给贵公司的价格已经是最低的了，要不然这样，您再多进25%的货，我再向总部申请将进货价格再降低2%，您看这样可以吗？”

客户：“那就这样吧，麻烦你了。”

从以上的谈话中我们不难看出，对于高情商销售员来说他们不但掌握基本的销售技巧，而且还可以充分利用各种因素去很好地协调公司与客户之间的利益关系，这样不仅为公司谋取利益，还可以为客户着想。在与客户产生摩擦时，还能够把不利变为有利。

【实战点拨】

在与客户交谈时，不管你说的是什么，“不”这个词是客户都不希望听到的。无论何时何地客户想要得到什么东西，他们都是非常希望我们能够满足他们的需求。拒绝顾客需要技巧，更需要情商。那么在拒绝顾客的时候，销售员应注意些什么呢？

（1）说话要讲究语言的艺术，而拒绝恰恰体现出语言艺术的最高境界。拒绝既要有力度又要不伤人，是很难让人把握的，因此对人说“不”的时候，意思一定要明确，防止不必要的误解，至于方式大可灵活些，点透即可。

（2）虽然强硬地拒绝客户的方式行不通，但是为了取悦顾客而说谎是更不可取的。这样做使客户不现实地期待他们将买到想买的东西。迟早总有一天，当他们发现被误导时，后果将更糟。当你真正要说的是“不”时，却使客户以为你在说“是”，这不是解决问题的办法。

（3）直接向对方陈述拒绝对方的客观理由，包括公司状况不允许、条件限制等。通常这些状况是对方也能认同的，因此能理解你的苦衷，自然会自动放弃说服你，并觉得你拒绝得不无道理。

（4）不好正面拒绝时，只好采取迂回的战术，转移话题也好，另有理由也可以，主要是善于利用语气的转折，既温和又坚决，绝不答应。比如，先向对方表示同情，或给予赞美，然后再提出理由，加以拒绝。由于先前对方在心理上已因为你的同情使两人的距离拉近，所以对于你的拒绝也较能以可以理解的态度接受。

（5）当我们不得不说“不”的时候，可以告诉客户：“我要做的是……”这句短语是告诉客户，你会想尽一切办法帮助他们。你提供的可选择的行动，不是客户想要的，但是它会产生可行性的解决办法，有助于减少客户沮丧的心理感觉。还有一句话是：“我能做的是……”告诉客户，你已经控制了一些情况的结果，为客户做可能性的建议，可能会暂时解决一些问题，或将来采取的行动会防止再次发生这种情况。作为客户，他可以最终没有买到想要买的东西，却仍认为自己得到了优质的客户服务。

学会低头，轻松平息客户的不满

控制自己的情绪，平息顾客的情绪，是销售员应有的情商。当顾客不满时，情绪会比较激动，需要发泄。这时销售员更需要理性，千万不能被顾客的负面情绪所影响，要学会正视顾客的不满意，认清不满意的价值，并及时化解客户的情绪，消除其不满。

【实战案例】

普罗默斯公司主要是一家经营旅馆和赌场的公司，而汉普顿旅馆是这家公司的连锁旅馆。普罗默斯公司为了吸引更多的顾客，派员工秘密观察他们选择入住普罗默斯的原因。为此公司还决定：如果客户对于住宿不满意要求退款的话，不管是出于什么原因，服务人员都要满足客户的要求并且问清楚对哪儿不满意，不满意的理由是什么。

普罗默斯公司的这一决定不仅了解了客户退房的原因而且使其入住率大大上升。比方说：在其汉普顿套房连锁旅馆里，客户之所以不满的原因就是套房里缺少熨斗和熨衣板。为此，普罗默斯公司特意在旅馆中安排了一个专门负责把熨斗从一个房间转到另一个房间的服务生，即使这样，也还是不能够满足客户对熨斗的需求。

于是普罗默斯公司打算在每个套房里都配备一个熨斗和熨衣板，普罗默斯公司也简单地算了一下，如果每个客房都备一个熨斗和熨衣板的话，那么每个套间里平均成本约为 80 美元；按折旧期 4 年来算的话，平均每套房的成本约为 20 美元，这样算来不仅便宜而且还满足了客户的需求，何乐而不为呢？

自从解决了这个问题之后，汉普顿旅馆的入住率大大提高了。汉普顿连锁旅馆所实行的这项计划为其带来了丰厚的额外收益，同时还提高了员工的积极性，提高了酒店的知名度。

如果客户对于我们的产品或服务表示不满意，那么就会影响公司名誉，造成一定的损失，从而也加大了工作的难度。但是，如果在客户抱怨后我们能够迅速地解决问题，并且得到客户的认可，那么客户将会继续和我们合作，也将会带来更多的客户群。

【实战点拨】

顾客是销售员生存之本，利润之源，他们表现不满意时，销售员应与顾客深入沟通，这也是建立顾客忠诚度的机会。同时，一切新产品的开发，新服务的举措，无一不是对消费者需求的一种满足，而这些潜在的需求往往表现在顾客的购买意愿和消费感觉上，销售员要通过对顾客的牢骚、投诉、退货等不满意举动的分析，来发现新的需求，并以此为源头，提升自己。

面对不满的顾客时，情商高的销售员会如何应对呢？

（1）有经验的客户服务人员都会微笑面对，先做好聆听者，然后再进行解释、安抚工作。正在气头上的顾客，你只有等他发泄完了，才有可能听得进去你说的话，如果你所说的和他相左，那只会火上浇油，令事态进一步恶化。

（2）如果客户怒气不止，那就要充分道歉，表示我们对顾客反映的情况已经有所了解，并因为我们产品的缺陷、工作的不到位而给顾客带来的不便而感到内疚。道歉可以令顾客感受到客户服务人员的诚意，即使过错不在企业，但本着顾客至上的原则，企业也应该向顾客道歉。

（3）光是道歉，表示诚意是不够的，顾客希望看到的是企业解决问题的实际行动。客户服务人员应通过交谈、提问等方式，了解顾客对哪一点有疑问或问题，具体是什么带来了不便：是因为产品或服务本身的原因，还是因为顾客自己使用不当或理解有误而导致的不便。

（4）顾客对企业提出的解决方案不满意，可以问问对方的意见，看看到底他需要如何的服务或补偿才能够平息心中的不满，尽你最大的可能来满足顾客的需求。

抱怨无妨，处理好就是王道

顾客对服务或产品的抱怨即意味着你提供的产品或服务没达到他的期望、没满足他的需求。另一方面，也表示顾客仍旧对你具有期待，希望能改善服务水平。其目的就是为了挽回经济上的损失，恢复自我形象。顾客的抱怨在所难免，高情商销售员会用积极的态度对待客户的抱怨，并将抱怨转化为商机。

【实战案例】

松下电器株式会社自从1918年松下幸之助创业以来，经历了100多年的奋斗，现已成为世界著名的综合性大型电子企业。松下幸之助是一位伟大的管理者，他始终坚持“使人们生活变得更加丰富，更加舒适，为世界文化的发展作贡献”的经营理念。在这种经营理念下，他十分重视客户权益和售后服务，他在公司设立了“客户抱怨中心”，负责处理客户的一切不满和抱怨。

松下幸之助进一步指出，“客户抱怨中心”的具体实施步骤是：一是诚恳道歉。尽可能平息客户的怨气，要虚心接受、确认客户的投诉，诚恳地表示歉意，尽可能平息客户的怒火。二是紧急修复。立即采取行动，纠正差错，将客户的损失降低到最小的程度。三是适当补偿。修复完毕后，应对客户的损失适当给予物质性的补偿，这也表明了公司的实际纠错能力，客户会因此而获得心理上的满足。四是跟踪寻访。服务人员通过电话回访、上门询问或寄去信件等征询方式和方法对不满意的客户进行必要的追踪，以了解公司的处理是否成功有效，客户是否满意。最后一步是总结教训。在企业内部，结合客户抱怨，查找原因，举一反三，保证今后不再出现类似的问题。

这是一个典型的重视抱怨的客户服务案例，在松下公司，松下幸之助充分考虑到客户抱怨的重要性，提出自己的观点和看法，并把“客户抱怨中心”真正变成了为企业提供信息，促进企业发展的平台。作为高情商销售员也同样不会回避客户的抱怨。

【实战点拨】

你是一个销售员，不是一个暴君，所以你不能让客户闭上抱怨你的嘴巴。一个客户对你的产品或服务不满意，直接向你抱怨是好事情，糟糕的是他向周围的人抱怨。面对抱怨高情商销售员不会自怨自艾，他会考虑：如何将客户抱怨变成自己更多的营业额呢？如何将客户抱怨声影响到的人也变成自己的客户呢？

1. 为抱怨而计划

不论你的工作多么仔细，错误总难以避免。你需要做的是对客户的抱怨有所预估，并针对其做出应对计划。采取积极的态度对待抱怨，保持与那些有抱怨客户的良好关系，而不要急于从他们身上渔利。让他们现在很高兴，将来他们会带给你更多的营业额。

2. 优先解决抱怨声

用你快速的响应让那些有抱怨的客户惊讶，使他们感到正受到很高的关注和尊重。如果你不能马上解决问题，也要让他们知道你在优先考虑这个问题。不要试图欺骗那些有抱怨的客户，这样结果往往比想象得要糟糕许多。以最快的时间解决客户的问题非常关键，客户对他遇到的问题担心时间越长，对你提供的解决方案的满意度就越差，你留住这个客户的可能性就越小。

3. 秉承专业形象

当然，即使没有客户抱怨也要如此。客户敌对你，是因为他们期待你能解决他们的问题，客户不是专家，他们需要专家，而你一定要扮演专家的角色。你越专业化地解决问题，越能得到客户的信赖，所以，客户服务必须专业化、标准化。

4. 承担责任

即使问题不是因你的过错出现的，也要在解决客户抱怨上承担责任。客户使用你的产品出现问题，你首先要对给他们造成的不便道歉，简洁明了地解释问题出现的原因，明确告诉你的客户如何、何时解决问题。

5. 补偿你给客户带来的不便

有抱怨的客户往往只希望能满意地获得问题的解决方案，其他的要求并不多，这可能是用户被商家欺负惯了的缘故。但你要让他们惊喜，除去解决他们的问题，还要额外做出适当补偿，这可以帮助客户遗忘所出现的问题，他们更容易记起你给他们的小恩小惠。

6. 确认客户的满意度

一旦你解决了有抱怨客户的问题，还需要确认他们的满意程度，这可以保持和他们的关系。给那些遇到问题的客户一些额外的优惠，特别是他们需要再次购买你的产品和服务时，多给他们一些折扣。在客户面前忘记你解决他们问题所花费的成本，那本来就应该是你负担的。在激烈的市场竞争中，千万要考虑这部分成本，不要为了竞价而忽视服务收益。

7. 防止类似抱怨的重复发生

解决了一个客户的抱怨后，需要搞明白这个抱怨到底是怎么发生的。一声抱怨往往暴露出你销售中的弱点，以此为鉴，要防止类似抱怨的出现。

理解客户的感情，用同理心留住顾客

有多少次我们被告诫不要感情用事、理性一些、你必须根据数据决策，但是，销售员和客户都是人，人是有情感的，人的决策都会被情感所影响。高情商销售员会告诉你，当人们作决定时看起来是合乎逻辑的，但事实并非如此，这些决定实际上是以感觉为基础的。

【实战案例】

某一天，宁波新开的一家餐馆在开业之初，大打亲情牌，他们将传统的“顾客是上帝”的服务宗旨上升到了“顾客是亲人”的高度，以此挑战宁波的餐饮市场。来到这家餐厅用餐的客人一看到筷子封套上的口号，客人往往先是一愣，然后开怀大笑，保不准还不知不觉多点几个菜。筷子上的口号：“顾客不是上帝，是亲人。”这种提法非常直观地表达出了店主的初衷：要把顾客像亲人一样对待，以换取顾客的信任和忠诚。可以说，这是一种非常现实的进步，同时也是一种迫于竞争压力而产生的返璞归真。

可以看到，服务宗旨从“顾客是上帝”到“顾客是亲人”，上升到了一定的高度，这次服务宗旨的转变是一种很大的进步。因为它的提出，从文化上讲是符合中国文化传统的，也可以说是非常务实的。毕竟，在绝大多数情况下，中国人是看重感情的，对待亲人是非常讲感情的，所以口号“顾客是亲人”的提出必然会大大增加顾客在点菜时的放心度，让顾客吃得放心。

【实战点拨】

研究表明：客户停止与某个企业的生意，主要是感觉这个企业不在乎他的需要和感受。与此相对的是，研究还表明：当问到客户为什么会对某个品牌的产品有长期的忠诚的时候，最多的回答是："因为他们关心我。"这种被关心的感知是纯感性的，它是从客户满意到客户忠诚之间的桥梁，它也是企业创业初期到不断发展壮大之间的桥梁。正是这种被关心的感觉，使得客户一次又一次地回购。这也是为什么高情商销售员要致力于为客户创造这种感觉和体验的原因所在。

与有形的产品不同的是，无形的服务对于客户来说更多的是一种感受，恰恰也正是这种感受给服务带来了一次又一次的挑战。我们常陷在自己的世界里，而察觉不到顾客的实际感受，花些时间站在另一个角度上，或试着倾听电话另一端的心声，或在自己的公司里当一回"神秘顾客"，或作一次竞争对手的顾客，这时，你就能体会到客户的感受，从而理解客户的感情。

不能站在客户的立场上去思考问题也是销售员情商低的一种表现。销售员需要能站在顾客立场上将心比心，诚心诚意地去表示理解和同情，承认过失。因此，要求对所有客户投诉的问题，无论已经被证实还是没有被证实的，都不是先分清责任，而是先表示理解和同情，这才是最重要的。

在销售服务中顾客总是有理的，但不是说顾客总是正确的。认为顾客总是有理的，可以使顾客感到服务人员与自己站在一边，从而消除了内心情感上的对立和隔阂，促使顾客在洽谈中采取合作的态度，共同探讨解决面临的问题。顾客抱怨一旦产生，心理上自然会强烈地认为自己是对的，与之交涉时一定要避免争吵，站在顾客的立场上看待问题时，想法和看法就会有很大的转变。

自我解压，给压力一个出口

销售工作是一项与人打交道的工作，尽管不同的顾客对销售有着不同的理解和看法，销售的宗旨是始终不变的，就是令顾客满意，所以，销售工作给销售人员带来了不小的压力。但作为一个希望成为一名高情商销售员的人来说，应该能够正确看待自己所面临的工作压力，并分析压力的成因，从而找出正确的应对方法。

【实战案例】

英国电信集团的项目经理尼克前段时间被迫调离岗位，从原先负责领导一个小规模技术团队，后被安排到一个复杂的项目管理岗位。他觉得自己不适合这个岗位，专门技能掌握得也不够。

“在那以前，我的表现一直极为出色，被视为所在领域的专家。”尼克先生说，“自从换了岗位以后，我突然觉得自己完全是个外行。我在这个新岗位感觉很有压力，我没有得到支持。这两种因素加起来很要命。”

一天早晨，尼克终于被工作压力击垮了。尼克先生休息了近 2 个月，花了 6 个月的时间才完全恢复。他说，在公司理解了他所面临的难题后，给予了他很大帮助，这对于鼓励他身体复原至关重要。

据研究机构美国职业压力协会估计，压力以及其所导致的疾病——缺勤、体力衰竭、神经健康问题——每年耗费美国企业界 3000 多亿美元。目前在中国，虽然还没有专业机构对因职业压力为企业带来的损失进行统计，但北京易普斯企业咨询服务中心的调查发现，有超过 20% 的员工声称“工作压力很大或极大”。业内人士初步估计，中国每年因工作压力给企业带来的损失，至少有上亿元人民币。由于工作压力过重而导致员工缺勤，已成为企业一大负担。因此，如何识别职工压力过重，并寻求解决良方，受到企业关注。

【实战点拨】

压力是因为人们对将来要发生的事能否成功缺乏信心，而产生的一种心理障碍。情商中自我管理就包括自我解压。销售员面对工作带来的压力，如何自我解压，轻装上阵享受人生呢?

1. 面对压力，不逃避压力

因为每个人都会有压力，都会升职到自己不能胜任的位置，因为压力会陪伴我们走过整个人生旅程，所以我们必须勇敢地面对。如果我们一遇到压力就逃避、就放弃，那么不但不利于压力的排除，同时还会养成胆小、懦弱、自卑的不良心理。

2. 对自己的优点和缺点正确的评估

很多人对自己没有信心，主要是没有看到自己的优势，老是看到自己的缺点。当然，认识自己是个很难的过程，苏格拉底的至理名言“认识你自己”至今还镌刻在古希腊德尔斐的阿波罗神庙前的石碑上。

3. 应有学习的标杆，抛弃攀比的心理

每个人应该和自己的过去比较，看看自己的能力是否在提高，自己的思维方式是否在进步，而不是天天和成功的人攀比。成功的人是不能攀比的，因为别人的成功说明他的能力、思想、素质、机遇等已经走在你的前面，那你去攀比没有任何意义。与其去攀比，还不如把他作为自己的一个学习标杆，看看别人身上有哪些优点，去学习，一步一步提高自己。

4. 学习和提高

能力不是产生压力的唯一原因，但却是一个很重要的原因。所以要养成自学的习惯，只有不断地学习和提高自身的能力和素质，才能有效地缓解压力。

5. 自己减压

学会释放自己的情绪，方法很多，比如和知心朋友喝喝酒、侃侃山；聚几个人一起郊游一天；周末一个人看个通宵电影（碟片）等，都可以释放自己的情绪，舒缓压力。

除了以上在工作中减轻压力的方法之外，学会在生活中防止产生压力也同样的重要。

①如果你在工作时大部分时间是坐着的，那么试着在一天当中抽空做一些简单的运动。不坐电梯爬楼梯，午餐后散步 15 分钟。

②基本放松技巧作为一种缓解身心紧张、疲劳和压力的方法，实践证明非常有效。例如坐在一把舒适的椅子上，做几次深呼吸，曲小臂、握紧拳，向胳膊方向弯曲。这样，手、前臂、肩膀的肌肉都处于紧张状态。别忘了保持呼吸 5 分钟，慢慢放松，注意此时的感受如何。下一步，伸直你的双腿，脚趾向前伸。这样，大腿和小腿的肌肉全处于紧张状态。保持 5 分钟，再慢慢放松，注意放松时双腿的感觉如何。继续运动，使你的颈部、胸部、肩膀和后背的肌肉紧张起来，当你结束运动后，全身就会觉得轻松舒适。

拒绝负面情绪，搬走销售路上的绊脚石

提高情商是把不能控制情绪的部分变为可控情绪。情绪是日常屡见的并由每个人亲身体验着的一种心理活动，它给我们带来向上的动力，又使我们在工作和生活中不可避免地遭受苦恼和折磨。由于销售工作的压力较大，销售员的情绪问题也越来越突出，同时这些负面情绪也反过来影响销售员的销售工作。

【实战案例】

有一天，一个客户在某手机运营商客户服务大厅投诉：由于销售员的失误，他的手机话费被扣了一大笔钱。客户非常愤怒，扬言要获得赔偿，并威胁当时当班的销售员："这件事完全是你的责任，你是怎么工作的，我觉得你非常不称职！你现在马上给我滚开，我现在要见你们经理，把你开除掉！……"

最后，客户经理赶过来才解决了这场争端。

当客户向你发泄情绪的时候，他们可能会表现出灰心丧气、烦恼、失望或者气愤等情感。所有这些情感中，气愤是你最可能把它个人化的一种。客户提高的音量、说脏话和晃动拳头可能使你想跑、隐藏或者以牙还牙。生气是一种总想找人或找事责备的情感。因此，尽管客户对你发火，但一定要记住，你仅仅是他们倾诉的对象，不要把它当真。

【实战点拨】

在如今这个竞争激烈的时代，市场竞争环境对销售人员的要求相当高，激烈的市场竞争让销售人员承担着越来越大的压力。只有具备很强的抗逆能力，勇于面对压力，勇敢战胜逆境的销售人员才能在服务领域有所成就，取得一次又一次的成功。

情商高的销售员都是善于管理情绪的人，在职场会较受欢迎，在事业上亦较容易成功。要想在销售行业中取得事业成功，就必须学会如何进行情绪调节，以便及时消除负面情绪，开发正面情绪。这里介绍六种方法：

1. 制怒术

在遇到发怒的事情时，首先想想发怒有无道理，其次发怒后有何后果，然后想想是否有其他方式代替发怒。这样一想，你就可以变得冷静而情绪稳定。

2. 愉悦术

努力增加积极情绪，具体方法有三：一是多交友，在群体交往中取乐；二是多立小目标，小目标易实现，每一个实现都能带来愉悦的满足感；三是学会辩证思维，可使人从容地对待挫折和失败。时时提醒自己：不是所有的客户都是通情达理的，如果真的是这样，世界就变得毫无乐趣而言。

3. 助人术

多做善事，既可以给他人带来快乐，也可使自己心安理得，心境坦然，具有安全感。

4. 宣泄术

遇到不如意、不愉快的事情，可以通过做运动、读小说、听音乐、看电影、找朋友倾诉来宣泄自己不愉快的情绪，也可以大哭一场。

5. 转移术

当一种需求受阻或者遭到挫折时，可以用满足另一种需求来代偿，也可以通过分散注意力，改变环境来转移情绪的指向。想想自己下班后即将见到家人那一刻的愉悦，告诉自己人生来如果不能承受这样的小委屈，怎么能成大事呢？想想今天又进步了这么多。

6. 放松术

心情不佳时，可以通过循序渐进、自上而下放松全身，或者是通过自我催眠、自我按摩等方法使自己进入放松状态，然后面带微笑，想象曾经经历过的愉快情境，从而消除不良情绪。喝杯水，给好朋友打个电话，看个笑话都不失是个好方法。

做一名销售人员很难，成为一名好的销售人员更难。销售是一个个性化比较强的行业，它对销售人员的综合性要求是非常高的，尤其是情商。既然选择了这个职业，就要热爱这个职业，努力把它做好。只要你勤奋并具有抗逆的能力和调控情绪的勇气，就能成为一名高情商销售员。

牢记忍让与宽容，退一步柳暗花明

销售员在与顾客交流时，不能太急躁，也不能在事情稍有转机时，就觉得已经完事大吉了，更不能在证明你是对的时，采取咄咄逼人的态度。高情商销售员在服务客户时，总会再三地告诫自己：要忍让，要忍耐，更要宽容。

【实战案例】

小林是一家大型贸易公司的客户经理。有一天，快下班的时候遇到一个客户来交款要货。小林一查账，发现该客户上次尚欠两千多元，原因是该客户把不同标号混凝土单价弄错了。小林心想，先得把这笔账结了。于是，小林跟客户说明欠款情况。没想到，客户不认账，说让小林直接找公司的业务经理处理欠款的事情，小林把发货单和收据都拿出来给他看，他还是不理睬，说他们肯定不会错的，而且客户急了，急性子的他开始骂人，很不友好地说："不收钱我就走了，我直接找你们经理去。"

这时，小林忽然意识到惹火了这个客户，做不成生意让客户走就是自己的不对。小林赶紧向客户道歉，并开了收据让他把该次货款交了，下回的货款让他下回再给。客户还是很不满意，但小林一再向他道歉，客户的脸色才有了缓和。

明理的客户往往总是比不明理的客户要少得多，销售员和客户发生争执时，要牢记住：第一，客户永远是对的；第二，当客户犯错的时候请参考第一条。在任何情况下，都要努力保持心平气和，不要冲动，冲动解决不了问题。

【实战点拨】

客户关注的是你的产品和你的服务，如果该产品和服务没有做到完美，顾客就为自己找到了否定你的理由，从而心安理得地拒绝你。因此，在遇上纷争的时候，给自己和顾客都留点余地，给顾客一个思考和考察的时间，让顾客明白服务人员一直是和他站在一起的，这个过程是需要时间的，也需要销售员拥有较高的情商。那么如何才能做到像高情商销售员那样呢？

（1）在与顾客交流时，能否取得顾客的信赖，让顾客欢迎你，是一个销售员能否成功的关键。除了要提高自己的服务素质之外还要把个人的素养自然地、本能地带到工作岗位上，以一颗平和、宽容的心接待顾客，结合运用各种技巧，让顾客觉得你可以信任，从而欢迎你、接纳你。

（2）当你与顾客谈话时，要仔细听取事实，努力理解顾客的感受。用乐于提供帮助、充满真诚的语气讲话。如果你表现出真诚帮助的愿望，顾客多半都会平息他们的怒火。

（3）如果问题很复杂，要将问题记录下来，问一些开放式的问题以了解顾客的观点。然后，总结问题，询问对问题的理解是否正确。在交谈过程中，使用积极谦虚的词语或短语来表现热情，让顾客感觉不管对你说什么，抱怨什么，你都可以接纳。

（4）在和顾客打交道的过程中，如果你占据了有利的上风，千万不要得理不让人。尤其是在自以为是的情况下，更容易理直气壮、咄咄逼人，这种交流方式是会让人很恼火的。人非完人，怎么可能什么事情都十全十美呢？出现这种情况时一定要注意表现出大度、宽容的一面，顾客会因为自己的过失没有被追究而产生惭愧的心理，这对你们以后的关系进一步发展是非常有利的。

情商提升与实战

1. 情商拓展训练

道具：纸、笔。

人数：6 人。

方法：6 人分成 3 组，每组 2 人，1 人扮演客户，1 个扮演销售员，两人针对某项服务失误进行交流。

规则：在交流的过程中，客户大吵大闹，销售员应全力调控自己的情绪，积极有效地处理问题。时间为 30 分钟。交流完毕后，两人互换角色，再次进行游戏，时间仍为 30 分钟。

目的：通过游戏，提升参与者调控自己情绪的能力，提升自己的情商。

2. 情商情境分析

以下是一家医院配药中心的场景。

客户："顺便问一下，我能查一下我的用药记录吗？"

配药员："你的会员号码和密码。"

客户："我不记得了。"

配药员："你再努力回忆一下吧。"

客户："真讨厌，要是什么事都指望我们，还要你们客户服务人员干嘛？"

配药员："太不应该了吧，这不是我们的责任，会员都应该记住自己的号码。"

客户（感到愤怒了）："你就是这么服务的吗？我要去投诉你！"随后，客户去医院投诉了该配药员。

问题：对于这场纠纷来说，谁的责任大些？为什么？

3. 情商实战思考

设想你是一家制药厂的销售员，去找你的客户谈一笔生意，客户对你说："我绝不购买你的药品，我甚至不喜欢你的药品，你是如何知道我的名字的？你是从谁那里知道的？他们怎么这样！"这时，你该如何应付？

参考答案

情商情境分析：很明显，对这桩即将到来的投诉，配药员占了大部分的责任，他表现了极低的情商。配药员对客户有点心不在焉，当客户有疑问的时候，不是想办法控制客户和自己的情绪，而是任其自由发展，最终导致了不可收拾的局面，这是一次失败的服务。

情商实战思考：这时，你应该立刻调控自己的情绪，有礼貌地说："××女士，我非常理解××病带给您的烦恼，为了处理好您的情况，您能允许我介绍一下我们的药品吗？"

参考文献

[1] 秦益.情商决定你的人生高度：马云的10堂情商课[M].北京：民主与建设出版社，2020.

[2] 乔洁.情商[M].长春：吉林文史出版社，2019.

[3] 朱凌，常清，等.情商高，就是说话让人舒服[M].延吉：延边大学出版社，2017.

[4] 冷湖.销售心理学：直抵客户内心需求的成交术[M].天津：天津人民出版社，2019.

[5] 镜心.高情商聊天术[M].长春：吉林文史出版社，2018.

[6] 胡慎之.高情商沟通法则[M].杭州：浙江大学出版社，2020.

[7] 陈爱芬.唤醒情商：不失控的情绪管理能量书[M].北京：中国妇女出版社，2017.